1622

CAIMÁN

LAS CARTAS BOCA ABAJO

COLECCIÓN AUSTRAL
N.º 1622

ANTONIO BUERO VALLEJO

CAIMÁN

Relato escénico en dos partes

———

LAS CARTAS BOCA ABAJO

Tragedia española en dos actos y cuatro cuadros

ESPASA-CALPE, S. A.
MADRID

Ediciones especialmente autorizadas por el autor para la

COLECCIÓN AUSTRAL

© Antonio Buero Vallejo, 1981, 1958. Madrid

—

Depósito legal: M. 31.770—1981

ISBN 84-239-1622-7

Impreso en España
Printed in Spain

Acabado de imprimir el día 23 de septiembre de 1981

Talleres gráficos de la Editorial Espasa-Calpe, S. A.
Carretera de Irún, km. 12,200. Madrid-34

ÍNDICE

CAIMÁN

LAS CARTAS BOCA ABAJO

CAIMÁN

Relato escénico en dos partes

NÚM. 1622.—2

Esta obra se estrenó el 10 de septiembre de 1981,
en el Teatro Reina Victoria, de Madrid, con el siguiente

REPARTO

(Por orden de intervención)

DAMA	*María del Puy.*
DIONISIO	*Fernando Delgado.*
ROSA	*Lola Cardona.*
NESTOR	*Francisco Hernández.*
CHARITO	*Sara Gil.*
RUFINA	*Carmen Rossi.*
VOZ DE CARMELA	*Gemma Amorós.*
FUNCIONARIO	*Carlos Lucini*
MOZO (No habla.)	*Víctor Barreiro.*

Barrio en las afueras de la Capital.
Derecha e izquierda, las del espectador.

Dirección: MANUEL COLLADO.
Escenario: ANTONIO CORTÉS.

NOTA.—Los fragmentos entre corchetes fueron suprimidos en el estreno.

ESCENARIO

Interior en la planta baja de una de las viejas casitas que se resisten a desaparecer ante el avance de los feos bloques modernos de su contorno. Perteneciente a una humilde vivienda, es a la vez recibidor y cuarto principal. Las paredes no se pintan desde hace tiempo: los inquilinos no deben de estar para gastos superfluos. Si hay televisor en la casa, estará quizá en otra pieza. Hay, sin embargo, libros no escasos y adornos que denotan cierto nivel cultural.

Ante esta habitación, una franja de calle cruza del uno al otro lateral. Las paredes interiores de la vivienda arrancan de un muro callejero frontal apenas visible situado en el lateral izquierdo y de otro muro frontal a la derecha, desconchado y con la huella de viejos anuncios desprendidos, mucho más ancho. Adosado a éste, un farol urbano. Entre los dos fragmentos de muro y el proscenio, espacio para entradas y salidas.

En la zona más cercana de la pared interior de la izquierda se halla la puerta de la casa, provista de mirilla. La continuación de esta pared es otra oblicua, en chaflán, a la que está arrimado un viejo y destartalado sofá; sobre éste, reproducción en color, de buen tamaño, de una de las grandes *Ninfeas* de Monet, someramente enmarcada en un filete de madera oscura.

Encima de ella y en mejor marco, la ampliación foto-
gráfica de una sonriente niña de unos ocho años. Más
larga por no terminar en chaflán que la corte, la pared
de la derecha tiene en su centro el acceso al pasillo que
da al resto de la planta. Aquí y allá, dos o tres máscaras
populares cuelgan de ella, además de algún cartel de
teatro de barrio.

El tercio derecho de la pared del fondo lo ocupa una
estantería barata bastante alta, repleta de libros en rústica, papeles y carpetas. Sobre ella, una ventana enre-
jada más bien pequeña, sin otra función al parecer que
la de mejorar la iluminación interior. En el resto de la
pared se encaja un deslucido aparador que, según suele
suceder en los hogares modestos, además del frutero
soporta algunas fotos pequeñas, revistas y otros libros.
A su alrededor y sin simetría, carteles clavados con
chinchetas de alguna otra representación teatral de
barriada y de alguna asamblea sindical. Entre ellos, otra
sugestiva reproducción de pintura moderna: la de *Los
dioses oscuros,* de Max Ernst. Entre el aparador y el
sofá, lámpara con pantalla.

En el primer término y hacia la derecha, mesa rectan-
gular donde se come y también se trabaja. Cuatro sillas
la rodean. Una o dos sillas más, quizá, por las paredes.

En el primer término izquierdo de la calle y sobre
una tarima movible, otra mesita con carpeta, papeles,
bolígrafos y un magnetófono diminuto, con una silla
tras ella.

El aspecto de la vivienda es pobre y, sin las reproduc-
ciones, las máscaras y los libros, sería miserable. Un
impreciso aire general de extrañeza domina sin
embargo: la sensación de que todo se encuentra, fuera
de la realidad vulgar, en algún enigmático mundo.

PARTE PRIMERA

(Densa penumbra en el cuarto. Sentada en la silla derecha de la mesa, ROSA. NÉSTOR, *en la silla izquierda.* DIONISIO, *recostado en el sofá. Los tres, inmóviles y apenas visibles. Crece la luz sobre la mesita del primer término izquierdo. Sentada en la silla e inclinada sobre su pequeño magnetófono, la* DAMA: *unos cuarenta y cinco años, agradable fisonomía, cabellos prematuramente grises. Ropa y pantalón muy cuidados y sobrios.)*

DAMA.—*(Pone en marcha la grabadora. Reflexiona un momento.)* ¿Quién me iba a decir en mi infancia que me convertiría en una escritora? Claro ha quedado en las páginas anteriores lo simple que yo era. He tenido la suerte, sin embargo, de que mis libros se hayan acogido bien... Y éste, ¿cómo se recibirá? Nunca se sabe. [Sólo sé que, quien quiera entender cuanto escribí, deberá leerlo.] En él procuro revelar cómo empecé a formarme, después de haber estado a punto, según a todos nos pasa, de destruirme. [Y lo que se cuenta en el presente capítulo fue, creo, fundamental en mi vida.] *(Se levanta, con la grabadora en la mano.)* Sospecho que, si me he hecho escritora, ha sido para relatar alguna vez

la historia del caimán: una historia increíble y cierta. Lo
sé bien, pues la compartí con las personas que tuvieron
el valor, acaso la fatalidad, de vivirla. *(Sonríe.)* [Alguien
que la conoce me ha asegurado que hasta podría
hacerse de ella una adaptación para el teatro. No creo
que llegue a realizarse.] *(Baja de la tarima.)* [Una obra
fantasmagórica y una actriz que ni siquiera se me parecería... Prefiero el libro. Lo único verdadero sería el
público. ¿O quizá tampoco? ¿Sería, tal vez, un público
de sombras? El mayor poder de la escena es afantasmar
al espectador y arrojarlo a un mundo alucinado. *(Ríe.)*
Suponiendo que el autor del texto sepa lo que hace,
cosa no siempre segura.] *(Mira hacia el fondo oscuro.
Cruza despacio hacia la derecha, mientras se empieza a
oír, muy suave, el «Entreacto» en sí bemol mayor de* Rosamunda, *de Schubert.)* [La historia del Caimán] pasó
hace muchos años: en 1980. [¿Lograría el adaptador
volverla tan vívida que pareciese reciente? A mí,] al
recordarla, me parece a veces estar en aquellos años
inciertos y no en el presente... [Poco importa. Yo la
narraré fielmente, y que el tiempo haga de las suyas con
todos nosotros.] *(Se recuesta en el proscenio derecho. La
tarima de la mesita ha desaparecido. La* DAMA *vuelve sus
ojos hacia la habitación. Focos de luz van sacando de la
sombra a* ROSA *y a* NÉSTOR; *ambos están escribiendo.)*
Aquel matrimonio se desvivía por todos, hasta por Dionisio. *(Otra luz va iluminando a* DIONISIO *en el sofá. Junto
a él, un magnetófono portátil emite la música.)* Dionisio,
con su magnetófono. En el barrio le llamaban el Patachula. *(Observa a los tres. Su figura se oscurece con todo
el primer término. Aumenta en la casa la normal claridad
diurna. Tras el ventanuco, escasa claridad gris. Sobre la
mesa, un jarrito de loza, del que bebe* NÉSTOR. DIONISIO
lo está mirando. ROSA, *bella mujer de unos cuarenta años,
viste ropa muy sencilla. Su somero peinado carece de*

*coquetería. Con afán y dificultad, está escribiendo en un
cuaderno. NÉSTOR, de más de cuarenta y cinco años,
repasa y corrige unas cuartillas. Su indumento es modesto
y cómodo: pantalón vaquero, camisa de color, jersey
remendado. Su semblante es recio; el cabello le grisea un
tanto. Mientras trabaja, fuma un cigarrillo. DIONISIO ha
pasado los cincuenta. Es hombre de tez enfermiza, de pelo
ralo algo encanecido asimismo; hay hastío en su mirada.
Procura vestir convencionalmente con notorio fracaso: la
corbata, la arrugada camisa que lleva y la chaqueta de la
que nunca se despoja, muestran, aun de lejos, nula limpieza
y los brillos de la vejez. En tanto escucha la música, juega
flojamente con el bastón que jamás suelta, pues es cojo y
oculta bajo el pantalón una pierna artificial.)*

DIONISIO.—¿Quito la música?

ROSA.—Al contrario. Nos ayuda.

[NÉSTOR.—Esa pieza me gusta.

DIONISIO.—A mí, muchísimo.

ROSA.—.]¿Es... *Rosamunda?*

NÉSTOR.—¡Caramba! Casi tu nombre. *(Risueño, a*
DIONISIO.) ¿Es casualidad?

DIONISIO.—*(Risueño.)* ¿Tú qué crees?

ROSA.—*(Se echa hacia atrás, cansada.)* ¡Uf! Es ende-
moniadamente difícil. *(Vuelve a su tarea.)*

NÉSTOR.—Pues a mí esto no me ha quedado mal. ¿Os
lo leo?

DIONISIO.—*(Ademán de levantarse.)* ¡Me voy!

NÉSTOR.—Grosero. También se puede hacer buena
literatura con las reivindicaciones laborales. *(Retoca
alguna palabra.)*

DIONISIO.—Me interesa más la obra maestra de tu
mujer. *(A* ROSA.) ¿Cuándo nos la lees?

ROSA.—Aún no veo claro el final. *(Suspira.)*

NÉSTOR.—*(Bebe un trago y pregunta, falsamente trivial.)*
¿De qué trata? *(Absorta en su trabajo, ella no responde.)*

DIONISIO.—*(Con un dedo en la boca.)* ¡Chist! Siéntate a mi lado y te lo cuento.

NÉSTOR.—*(Asombrado.)* ¿Tú lo sabes?

DIONISIO.—*(En broma.)* ¡Soy su consejero!

ROSA.—*(Arroja el bolígrafo.)* ¡Con vuestros cuchicheos no hay manera!

NÉSTOR.—Perdón.

ROSA.—*(Cierra su cuaderno.)* Seguiré después. *(Se levanta.)* Has terminado el jarro. ¿Quieres más? *(Se pone el cuaderno bajo el brazo.)*

NÉSTOR.—No.

ROSA.—Entonces, me lo llevo. *(Toma la jarrita y se dirige al pasillo.)*

NÉSTOR.—*(De buen humor.)* ¡Eh!... Poco a poco. Aquí hay secretos que se me ocultan, [y eso no me gusta].

ROSA.—¿Qué secretos?

NÉSTOR.—Dionisio conoce el asunto de tu obrita.

ROSA.—*(Titubea un segundo.)* No es verdad.

NÉSTOR.—¡Careo! ¿No me has dicho que lo conocías, Dionisio?

DIONISIO.—*(Para su magnetófono.)* Te he mentido.

NÉSTOR.—No quieres traicionarla, ¿eh? [¿Qué dices tú, Rosa?]

ROSA.—Yo no te miento, Néstor.

NÉSTOR.—*(Que no ha perdido la sonrisa.)* Me basta. Pero ¿a qué viene esa manía de callártelo?

ROSA.—[Mientras no acabe, no lo diré.] *(Va a irse.)*

[NÉSTOR.—]Si nos lo cuentas, podríamos ayudarte.

DIONISIO.—Y los dos estamos muertos de curiosidad.

ROSA.—*(Se vuelve, irónica.)* ¡Pobrecitos muertos de curiosidad! Pues, [si no queréis moriros, ahí cerca tenéis el remedio:] os dais un paseo hasta la Asociación de Vecinos y se lo preguntáis a los chicos. Hoy es sábado y ensayan sin mí a esta hora; os largáis a preguntárselo y me dejáis trabajar.

DIONISIO.—*(A* NÉSTOR.) ¡Parte a la superioridad! Por orden terminante de Rosa los chicos tampoco sueltan prenda.

ROSA.—*(Indignada.)* ¿Ya les has preguntado?

NÉSTOR.—¿A que te quito el cuaderno?

ROSA.—*(Se acerca.)* Contra la fuerza no hay resistencia, decía mi abuelo. *(Le tiende el cuaderno.)* Toma y lee, tirano.

NÉSTOR.—Si tú no quieres, no. *(Ella sonríe y le acaricia la cabeza.)*

DIONISIO.—¡Qué caballerazo! Ofrécemelo a mí.

ROSA.—Eso quisieras. [(NÉSTOR *acaricia la mano que le acaricia.)*

DIONISIO.—*(Ríe.)* ¡Y se pone mimoso! *(A* NÉSTOR.) ¿Quieres música de fondo?

ROSA.—Yo la oiré desde la cocina.] *(Por un paquete que hay sobre el sofá.)* ¿Ese paquetito es tu ropa?

DIONISIO.—*(Toma el paquete, dudoso.)* Estoy abusando...

ROSA.—No digas sandeces.

NÉSTOR.—Dáselo. Con la lavaóora no es ningún trabajo.

ROSA.—Y mañana tráeme esa camisa. Se cae de mugre.

DIONISIO.—Inconvenientes de la soltería.

NÉSTOR.—¡Inconvenientes de ser un guarro! ¿Ni siquiera sabes lavarte una camisa?

ROSA.—[¡Venga la ropa! (DIONISIO *va a dársela.)* Espera.] *(Mira a la puerta.)* ¿No han llamado?

NÉSTOR.—No.

ROSA.—Con los nudillos.

NÉSTOR.—No. *(Los hombres se miran. Los tres permanecen bien iluminados. La* DAMA *habla desde la penumbra.)*

DAMA.—Pensaba que sería con los nudillos. Pero

también se inquietaba si sonaba el timbre. Ella vivía porque esperaba esa llamada... *(Los mira con afecto.)* A Rosa y a Néstor les llamaban «los Profesores». Al cojo también le gustaba leer, discutir, oír música, y se hizo amigo de ellos. Un curioso rincón, en aquel suburbio lleno de miseria... *(Ha iniciado la marcha y sale por la derecha. ROSA va hacia la puerta. NÉSTOR se levanta mirándola.)*

NÉSTOR.—*(Con suavidad.)* No han llamado, Rosa.

ROSA.—Me pareció. *(A DIONISIO.)* Dame tu paquete.

DIONISIO.—¿Qué prisa tienes? Siéntate y oye un poco más de *Rosamunda. (Pone en marcha el aparato. Continúa* Rosamunda.)

ROSA.—Tengo que hacer. ¿Qué hora es?

DIONISIO.—*(Saca un plateado reloj de bolsillo.)* Las cuatro y veintidós, en el mejor reloj que has visto en tu vida. ¿Le pasa algo al tuyo?

ROSA.—Se me ha parado. *(NÉSTOR vuelve a sentarse y mira su escrito.)*

DIONISIO.—Y no decías nada. ¿Para qué tienes a tu relojero áulico? [Si no hay reloj, no hay paquete.]

ROSA.—Luego te lo traigo.

DIONISIO.—Pues luego te doy el paquete, Rosamunda.

NÉSTOR.—Estás como una cabra.

ROSA.—*(Que se iba, se detiene.)* ¿Quién fue Rosamunda?

DIONISIO.—La princesa de un libreto de ópera que se ha perdido. Yo la imagino dulce, generosa y fuerte.

ROSA.—*(Sonríe, irónica.)* Estás como una cabra. *(Sale, llevándose el jarrito, con su cuaderno bajo el brazo.)*

DIONISIO.—Es encantadora.

NÉSTOR.—*(Se vuelve hacia él.)* ¿Rosa?

DIONISIO.—Esta música. Escucha... Y eso que Schubert no es precisamente Bach. Pero el peor de ellos resulta una maravilla al lado de toda esa basura [dulzarrona,] facilona y trepidante con que las multinacionales del disco engatusan a los jovencitos.

NÉSTOR.—Hay de todo.

DIONISIO.—¿También tú vas a defender a los escuadrones de guitarreros?

NÉSTOR.—¿Escuchamos o no escuchamos *Rosamunda?*

DIONISIO.—*(Para el magnetófono.)* ¡No, espera! ¿Los defiendes?

[NÉSTOR.—A algunos. Hay buenas canciones de protesta, hay melodías que no carecen de calidad...

DIONISIO.—Tampoco es lo que más les gusta. Lo que prefieren es eso de las tres o cuatro notitas bien estridentes y repetidas hasta el sopor. Y en las letras, lo mismo *(Parodia.):* «¡Oh mi amor! ¡Oh, oh, oh! ¡Quiéreme! ¡Sí, sí, sí! ¡Bésame! ¡Bésame! ¡Oh mi amor! ¡Sí, sí, sí!... Ni el oído ni los sesos les dan para más.]

NÉSTOR.—Necesitan aturdirse... Están nerviosos ante la posible destrucción nuclear, y para no pensar en ella...

DIONISIO.—Nos la adelantan con el escandalazo electrónico.

[NÉSTOR.—Y con la «tempestad de movimientos», como llama la psicología a cierto reflejo animal contra el miedo.

DIONISIO.—¡Luego me das la razón!

NÉSTOR.—No del todo.

DIONISIO.—]Mira: tenían la mejor música al alcance de la mano. Eligieron la peor. ¿Y sabes por qué? Pues porque la inmensa mayoría tiene un gusto de lo más chabacano. [Pero como son tantísimos han llegado a afirmar que su espantoso gusto es el bueno y que los mediocres son genios.

NÉSTOR.—Nadie dice eso.

DIONISIO.—Porque les trae sin cuidado comparar. Pero de hecho ya comparan y condenan al ignorar a un Béla Bartók y preferir la basura.] Cuando nos queramos dar cuenta, esa riada nos habrá ahogado.

NÉSTOR.—¿Y pretendes combatirla con tu maquinita por las calles y los bares? Tu objetivo es el mío: que la gente mejore su vida y se cultive. Pero yo sé que no puedo hacerlo solo...

DIONISIO.—*(Se levanta y pasea, cojeando.)* Tú también estás solo.

[NÉSTOR.—¡Ni hablar!

DIONISIO.—]Salvo tu mujer, nadie más te acompaña de veras. *(Breve pausa.)* Ni yo.

NÉSTOR.—[No sabes lo que dices.] Me acompañan a miles, y yo a ellos.

DIONISIO.—¿Incluso en el barrio?

NÉSTOR.—En el barrio hay mucha ignorancia, pero está lleno de gente estupenda. ¿Por qué no organizas audiciones en la Casa de la Cultura? *(Vuelve* ROSA *por la derecha, sin su cuaderno.)*

DIONISIO.—¿De casetes?

[ROSA.—Mientras no consigamos formar una orquestina buena. Pero andamos tras de ello.

DIONISIO.—]*(Ríe.)* No creas que no lo he pensado. Quince vecinos, que no serían más, escuchando como pasmarotes esta cajita y cómodamente retrepados en aquellas sillas destrozarriñones..., mientras piensan en que la tienda ya no les fía...

ROSA.—*(Insegura.)* Se les explicaría lo que oían, pintaríamos carteles...

DIONISIO.—Y escucharían con todo recogimiento la música del Patachula. Sois unos ingenuos. Me vuelvo a mi *Rosamunda. (Va al sofá, se sienta y se dispone a escuchar su magnetófono.* ROSA *se sienta junto a la mesa.)*

NÉSTOR.—¿Y no eres tú más ingenuo cuando haces sonar tu aparato en un bar cualquiera?

DIONISIO.—Yo no los reúno. Les pillo de sorpresa [cuando toman sus cubatas y se deleitan con la puerca música de la radio del establecimiento, o los dejo turulatos en la calle con mi musiquita.] Es casi un ataque subliminal, como ahora se dice. *(Ríe.)* Pero tenéis razón. Mi chifladura es otra protesta inútil.

[NÉSTOR.—Que te ha costado ya algún golpe... En la Asociación, por lo menos, no habría golpes.

DIONISIO.—Se reirían igual. Prefiero ser mártir callejero del arte.

NÉSTOR.—Pero ¿por qué?

DIONISIO.—Porque soy un masoquista. *(Lanza una carcajada.)*

NÉSTOR.—*(Se sienta a la mesa.)* No hay que acometer empresas en que sólo se ganen palos.

DIONISIO.—Entonces, ninguna.] Porque ya no hay nada que hacer...

NÉSTOR.—Siempre hay mucho que hacer.

DIONISIO.—*(Ríe.)* Sí. Oír buena música.

ROSA.—¿Te ha pasado algo?

DIONISIO.—*(Sin mirarla.)* ¿A mí? Nada.

ROSA.—Cuando ríes mucho, algo te pasa.

NÉSTOR.—Dínoslo.

DIONISIO.—Me pasa... lo que a todos. *(Los esposos se miran sin comprender. DIONISIO pone en marcha su aparato y Rosamunda prosigue. NÉSTOR suspira y repasa sus papeles. ROSA sigue mirando a DIONISIO, intrigada. Segundos después suena el timbre de la puerta. NÉSTOR va a incorporarse. Ella se levanta con presteza.)*

ROSA.—Yo voy. *(Va a la puerta. Abre la mirilla. Levísimo tono de decepción.)* Charito. *(Abre.)* Pasa. *(Entra CHARITO: una muchacha no mayor de catorce años, que ya presume. Viste pantalón y chaleco de fantasía. Lleva bolso.*

El atavío de una pobre chica en tarde de sábado. En la boca, el chicle habitual.)

CHARITO.—Buenas tardes.

ROSA.—*(Mientras cierra.)* [Oye, nena,] se supone que eres mi ayudante. ¿Es que cuando yo falto a un ensayo tampoco vas tú?

CHARITO.—Precisamente venía a decirle... Buenas tardes, Néstor.

NÉSTOR.—Hola, muchacha.

CHARITO.—¿Cómo va, Dionisio?

DIONISIO.—Tirando, hijita.

CHARITO.—*(Risita.)* Siempre con sus músicas, ¿eh? (DIONISIO *para el magnetófono.)* ¿Lo para por mí?

DIONISIO.—Para escucharte mejor, como el lobo a Caperucita.

CHARITO.—¡No me diga! ¿Tan carroza y aún quiere ligar?

ROSA.—*(Seca.)* ¿Qué venías a decirme?

NÉSTOR.—¿No te sientas?

CHARITO.—¡Si me voy enseguida! *(A* ROSA.) Me he saltado el ensayo porque al Pipo, el del Grupo Escena, sólo podía verle a esta hora. Ha dicho que vendrá esta noche a la Asociación para hablar con usted, y que lo puede hacer barato y rápido si le ayudamos a pintar la tela. [La armadura de alambre la hará él solo.] ¡Así que ya está resuelto lo del caimán!

NÉSTOR.—¿El caimán?

ROSA.—*(Menea la cabeza.)* Charito...

CHARITO.—*(Se tapa la boca y ríe.)* ¡Huy! Si seré tonta. ¿Tampoco lo saben ellos?

ROSA.—*(Cruza.)* Tampoco.

DIONISIO.—¿Conque se trata de un caimán? *(Con aire indolente,* NÉSTOR *se levanta y va a la librería.* ROSA *lo mira.)*

CHARITO.—*(Apurada.)* Bueno, yo he dicho caimán como podía haber dicho... elefante...

DIONISIO.—Demasiado grande.

ROSA.—¿Sólo has venido a decirme eso? (NÉSTOR *mira lomos de libros.* ROSA *reparte su atención entre él y* CHARITO.)

CHARITO.—Y... a otra cosa.

ROSA.—Ya me lo figuraba.

CHARITO.—Venía a pedirle... que me permita faltar esta noche.

ROSA.—*(Molesta.)* ¿También esta noche?

CHARITO.—[¡Es un compromiso muy grande,] Rosa! [¡Y] hoy es sábado! Después del paseo vamos a poner discos y a tomar un bocata [en casa de Feli...]

NÉSTOR.—¿Lo saben tus padres?

CHARITO.—*(Vacila.)* Luego se lo diré. (ROSA *se sienta, mirándola con frialdad.)*

NÉSTOR.—Eres muy niña todavía. Anda con ojo.

CHARITO.—*(Ríe.)* No crea que no soy ya una mujer... ¡Usted me entiende!

ROSA.—Razón de más para tener cuidado.

CHARITO.—Es en casa de mi amiga Feli. Y yo sé lo que me hago.

ROSA.—Y yo sé que no lo sabes. Charito, cuando no faltan unos al ensayo, faltan otros, y así no hay manera de adelantar. Si te prohíbo que faltes tú, ¿me obedecerás?

CHARITO.—*(Mohína.)* Usted nunca nos prohíbe nada.

ROSA.—*(Seca.)* Tampoco lo haré esta vez. Puedes marcharte.

CHARITO.—*(Intimidada.)* Gracias. Y buenas tardes.

NÉSTOR.—Buenas tardes, hija. *(Cuando* CHARITO *da media vuelta, suena el timbre.)*

CHARITO.—*(A* ROSA.) Abriré yo. *(Atisba por la mirilla y se vuelve, muy asombrada.)* ¡Si es... mi madre!

Rosa.—Pues abre. *(Se levanta.* Néstor *avanza unos pasos.* Dionisio *no se mueve.* Charito *abre y entra* Rufina, *con un niño de pecho en brazos y una bolsa en bandolera. Es una cuarentona pobremente vestida y mal peinada.)*

Rufina.—¡Mira qué casualidad! Has creído que te me escapabas y aquí te pillo.

Charito.—Yo no me he escapado.

Rufina.—No, ¿eh? Luego hablaremos.

Néstor.—Pase y siéntese, Rufina.

Rufina.—Con permiso. ¿Me quiere sostener el niño, señor Néstor? Con él no me apaño bien. *(Se lo da.* Néstor *lo sostiene con eficiente soltura.)* Sí que me sentaré. *(Lo hace.)*

Rosa.—Dámelo a mí, [Néstor.]

Rufina.—No, no. Usted debe tener las manos libres para lo que le vengo a pedir.

Néstor.—Un pequeñín muy guapo, sí, señora.

Rosa.—¿Qué se le ofrece, Rufina?

Charito.—Bueno, yo...

Rufina.—¡Tú te quedas! ¡Lo que no has querido oírme antes, ahora me lo vas a oír!

Dionisio.—*(Al tiempo que se levanta.)* Siéntate aquí, Charito. *(Contrariada,* Charito *se sienta en el sofá.)*

Rufina.—Eso. Mejor sentada. Pues yo, Rosa, venía a pedirle un favor muy grande.

Rosa.—*(Vuelve a sentarse.)* Usted dirá. (Dionisio *se acerca despacio.* Néstor *pasea al niño.)*

Rufina.—*(Hurga en su bolsa y saca una tela que despliega.)* Mire, le traigo este trapo, ya recortadito. Usted sabe hacer muy bien letreros como los del periódico. Si quisiera ponerme aquí lo que yo le diga con uno de esos lapiceros que usted tiene... (Néstor *la mira, estupefacto.)*

Rosa.—*(Intrigada.)* ¿Qué quiere que le ponga?

RUFINA.—Pues... que tengo tres hijos, que mi marido está parado desde hace dos años, que por favor nos socorran... y cualquiera otra cosa que sea de lástima. (DIONISIO *da un paso más hacia la mesa.*)

CHARITO.—*(Se levanta.)* ¡Mamá!

RUFINA.—*(Se vuelve hacia ella.)* ¡Ya lo has oído!

NÉSTOR.—¿Va usted a pedir en la calle?

RUFINA.—Sí, señor. Desde esta tarde.

ROSA.—¿Con el niño?

RUFINA.—¡A ver! Tengo que darle el pecho. (DIONISIO *se sienta a la mesa.* CHARITO *vuelve a sentarse en el sofá, con los ojos muy abiertos.*)

ROSA.—¿Lo sabe su marido?

RUFINA.—Se lo dije anoche y la tuvimos. Pero no me lo puede prohibir porque él no trae dinero. [Y esta mañana se ha largado como siempre a buscar chapuzas, echando culebrones por la boca.] ¡Y yo tengo que ver lo que pongo en el puchero! Con siete añitos, mi Pascualín nada puede traer, y además se me está volviendo un golfo. Y ésta..., que ya lo podría ganar..., ni para barrerme la casa sirve. Pero desde hoy tendrá que hacerlo. ¡Ya lo creo!

DIONISIO.—¿Qué oficio tiene su marido?

RUFINA.—De la construcción.

DIONISIO.—¿No cobra el subsidio de desempleo?

RUFINA.—Dieciocho meses lo cobró. Después lo quitan, y sin él llevamos cuatro meses a base de acelgas y arenques.

CHARITO.—¡Mamá, por favor!

RUFINA.—Estos amigos saben también lo que es la pobreza y el paro tan tremendo que hay. ¡Y sirve una vez de algo y tómale tu hermanito al señor Néstor! *(Inmutada,* CHARITO *se levanta y toma al niño para pasearlo.)* Rosa, si [no es abusar y] quisiera escribirme lo que le he dicho..., yo podría aprovechar la tarde.

ROSA.—*(Se levanta, desconcertada.)* Voy por el rotulador. *(Se acerca al aparador.)*

NÉSTOR.—*(Se acerca a la mesa.)* [En los anuncios del periódico hay peticiones que le pueden convenir.] ¿No ha pensado en asistir a casas particulares? Ese trabajo no suele faltar.

RUFINA.—¿Con ese crío?

NÉSTOR.—*(Se sienta junto a ella.)* Lo podría dejar en la guardería.

RUFINA.—*(Sin mirarlo.)* Está muy lejos.

NÉSTOR.—Pues al cuidado de Charito. (CHARITO *lo oye sin el menor placer.)* Además, cuando vengan los fríos no podrá tenerlo en la calle. [Enfermaría.]

RUFINA.—¡Yo no quiero separarme de él! [Y bien abrigadito...]

ROSA.—[En eso tiene razón.] *(Abre un cajón del aparador, rebusca y vuelve a la mesa con un grueso rotulador azul.)*

DIONISIO.—¿Cuántas horas piensa estar en la calle?

RUFINA.—Hoy, si puedo, hasta las nueve. Es sábado y la tarde puede darse bien. *(De pie, ROSA empieza a escribir sobre la mesa grandes letras en la tela.)* Gracias, Rosa.

NÉSTOR.—Rufina, no salga a pedir.

RUFINA.—¡Si lo hacen muchas! Y también muchos hombres.

NÉSTOR.—Usted encontraría trabajo de asistenta...

ROSA.—No quiere separarse de su hijo, Néstor.

NÉSTOR.—¡Cuándo se puede trabajar, no se debe mendigar! [Si lo hiciese su marido, lo comprendería.] Usted, Rufina, puede encontrar trabajo.

ROSA.—¿Y el niño?

NÉSTOR.—¡Quedaría atendido! ¿Es que no lo entiendes?

ROSA.—Tú eres quien no la entiende a ella.

NÉSTOR.—¿Eso crees?... *(A* RUFINA.) ¿Ha pensado ya dónde se va a estacionar?

RUFINA.—Sí.

NÉSTOR.—Le habrán informado bien, ¿no? De la competencia, de los mejores lugares... [¿Tal vez en las escaleras de algún metro?]

RUFINA.—Todo está pensado, sí, señor. Pero no quiero decir el sitio, para que no se corra por el barrio.

NÉSTOR.—Incluso habrá calculado lo que podrá sacar, ¿verdad?

RUFINA.—Dicen que hay sitios donde caen hasta las cuatro y las cinco mil diarias... Por mal que se me dé, mil largas sí podré sacar. O más.

NÉSTOR.—Más que asistiendo por horas en algunas casas. ¿A que lo ha pensado?

RUFINA.—*(Amoscada.)* ¿Y qué, si lo he pensado?

NÉSTOR.—Que tiene usted buenísima disposición para los negocios.

RUFINA.—¿No tiene una derecho a buscarse la vida?

NÉSTOR.—Sin duda. Pero no el derecho de explotar a una criatura.

ROSA.—¡Néstor!

RUFINA.—¡Yo no exploto a nadie! Es mi hijo y tengo que darle de mamar.

NÉSTOR.—Busque trabajo y llévelo a la guardería.

ROSA.—¡Eres injusto, Néstor!

NÉSTOR.—¿Sí?

ROSA.—¡Y cruel!

[NÉSTOR.—¿Harías tú lo mismo?

ROSA.—¡A ciegas!

NÉSTOR.—¿Para ganarlo sin trabajar?

ROSA.—¡Para no separarme de mi hijo!]

NÉSTOR.—¿Estás segura de que ella va con el niño para no separarse de él?

. RUFINA.—*(Sulfurada.)* ¡Oiga, señor Néstor...!

Rosa.—No le haga caso a este bruto, Rufina. Aquí tiene su cartel.

Rufina.—*(Se levanta.)* Claro, usted también fue madre. Y sabe muy bien lo que es no poder estar siempre junto a un hijo. *(Silencio embarazoso.* Rufina *mira el cartel.)* Precioso, precioso ha quedado. ¡Qué manos! Muchísimas gracias, Rosa. *(A* Charito.*)* [¡Y tú,] dame a tu hermano! *(Dobla la tela, la mete en su bolsa y toma al niño.)* ¡Y ya estás arreando para casa!

Charito.—Pero, mamá, yo he quedado...

Rufina.—¿Con tus amigas? Pues se acabó el señoritismo. A las diez quiero ver la cena hecha y a Pascualín en la cama. Después te vas al ensayo si quieres.

Rosa.—Que tenga suerte, Rufina. (Dionisio *y* Néstor *se levantan.* Charito *abre la puerta.)*

Rufina.—Agradecida, Rosa. *(A todos.)* Buenas tardes. *(Sale, hablándole a su hija. Con turbado rostro,* Charito *se despide y cierra la puerta. La voz de* Rufina *va perdiéndose.)* ¡A pedir, hija, a pedir! Para que otros digan encima que una negocia con su hijo... [Como tú no te coloques pronto, no sé...]

Dionisio.—*(Se levanta y va a la biblioteca.)* Mucha miseria.

[Néstor.—Y la miseria engendra la picardía.]

Rosa.—*(Juguetea, turbada, con el rotulador.)* A veces eres odioso. *(Va hacia el aparador.)*

Néstor.—Pero ¿no comprendes...?

Rosa.—*(Se vuelve hacia él, violenta.)* ¿Estás tan seguro de que lo hace sólo por interés? ¿Estás dentro de ella? ¿Es tu hijo ese niño?

Néstor.—Yo no discuto los sentimientos de esa madre. Sólo digo lo que debería hacer. *(Se recuesta en el borde de la mesa.)*

Rosa.—*(Abriendo el cajón.)* Lo primero que debe hacer una madre con un niño de pecho es criarlo. *(A*

DIONISIO, *que husmea en la biblioteca.)* ¿Buscas algún libro, Dionisio?

DIONISIO.—Cualquier cosa para leer esta noche. *(Mira de soslayo a los dos mientras busca.)*

NÉSTOR.—*(Paciente.)* Lo primero que todos debemos hacer es afrontar la vida y trabajar, tragándonos los sentimientos si es preciso.

ROSA.—*(Guarda el rotulador y cierra el cajón de golpe.)* Pues eso hago yo, trabajar. Y además de buena gana. ¿Qué más quieres?

NÉSTOR.—No me refiero a ti, Rosa...

ROSA.—¿No? *(Se miran largamente.* ROSA *empieza a sonreír.)* No. Claro que no. *(Fugacísima mirada al retrato de la niña en la pared.)* ¡Los dos trabajamos y no nos va mal.

NÉSTOR.—*(Sonríe.)* No te hagas ilusiones... Cualquier día, me ponen en la calle. No sería la primera vez.

ROSA.—Esperemos que no suceda.] *(Se acerca a él, afectuosa.)* Perdona que te haya llamado odioso. Alguna razón sí tienes. Yo nunca habría llevado a nuestra Carmela al frío de la calle para pedir limosna. La Rufina es muy bruta y algo aprovechada. Pero lo pasan tan mal...

NÉSTOR.—*(Se incorpora y toma su cara.)* ¡Ésta es mi Rosa! *(Le estampa un sonoro beso.)*

DIONISIO.—¡Adelante! Yo no miro. (ROSA *se desprende y se acerca al sofá.)*

NÉSTOR.—Esa pobre mujer es, sobre todo, una analfabeta. Habría que educar a tantos...

ROSA.—Y en eso estamos, ¿no? *(Toma el paquete de* DIONISIO.) Me llevo tu ropa. *(Cruza.)*

DIONISIO.—¡Tráeme tu relojito!

ROSA.—Descuida.

DIONISIO.—Oye, Rosa.

ROSA.—*(Se detiene.)* Dime.

DIONISIO.—¿Qué demonio de caimán es ése que has metido en tu obra?

ROSA.—*(Ríe.)* ¡Pues un caimán que es un demonio! *(Antes de salir, a* NÉSTOR.*)* Mira, quizá sirva de algo la decisión de Rufina. Puede que Charito vaya al cuadro artístico esta noche... Pero como está en plena tontería...

DIONISIO.—Será tonta, pero se ha puesto muy guapita. ¿Quince años?

ROSA.—Catorce. Tres más que Carmela.

DIONISIO.—Eran amigas, ¿no?

ROSA.—De pequeñinas, sí. Ahora no sé si lo serían. Carmela tiene once. Todavía una niña. *(Sale por la derecha. Los dos hombres se miran.* NÉSTOR *vuelve a recostarse en la mesa.)*

DIONISIO.—No ha dicho «tendría», sino «tiene».

NÉSTOR.—*(Sin mirarlo.)* Sí.

DIONISIO.—*(Se acerca y se sienta a la mesa.)* Me dijiste que dudaba a veces de su muerte...

NÉSTOR.—No apareció el cuerpo. *(Se incorpora y va a la biblioteca.)*

DIONISIO.—Pero decir «tiene» no es dudar. ¡Es afirmar que está viva!

NÉSTOR.—*(Atento al pasillo.)* No levantes la voz.

DIONISIO.—¿Cree realmente que lo está?

NÉSTOR.—[¿Y qué es creer? Yo] no lo sé. Sólo sé que habla como si lo creyese... Los primeros meses fueron espantosos. Llegué a temer por su razón. La llevé al seguro, [pero ya sabes: dos minutos para cada paciente.] Necesitaba un psiquiatra y le recetaron píldoras. Las tomó con docilidad... y un día las tiró por el retrete. Me asusté. ¡Pues empezó a mejorar! Y a interesarse por sus tareas en la Asociación, y por el Cuadro de arte... [Volvió a ocuparse en la casa y, aunque no lo pedía,] también, poco a poco, volvió a tolerar que me arrimase a ella en la cama. La creí salvada... *(Saca un libro de la estantería y lo hojea con interés.)*

DIONISIO.—Yo la encuentro comunicativa, incluso eufórica. (NÉSTOR *pasea, hojeando el libro.)* Gustosa de andar siempre atareada, y ése es un signo que no falla.

NÉSTOR.—Sí falla. Tú la has oído. Ha llegado a esa aparente alegría porque ha decidido que la nena está viva. Y no puede ser sano vivir apoyada en un engaño; tarde o temprano le estallará dentro. *(Hojea el índice del libro.)* Por eso intento, con el mayor cuidado y sin llevarle la contraria, que vaya aceptando lo ocurrido como yo lo he aceptado... Aquí está el caimán.

DIONISIO.—¿Qué libro es ése?

NÉSTOR.—*(Lee la portada.)* *Leyendas americanas*... No es nuestro. Lo habrá traído de la Casa de la Cultura... Ya lo leeré. *(Reintegra el libro a su sitio.)*

DIONISIO.—Oye, aunque sea un disparate: ¿No podría suceder que vuestra hija estuviese viva?

NÉSTOR.—*(Asombrado.)* ¡Pero tú sabes cómo ocurrió!

DIONISIO.—Sé que se metió en ese solar de al lado y desapareció por un agujero. (NÉSTOR *escucha hacia el pasillo y se sienta junto a* DIONISIO.)

NÉSTOR.—Los agujeros de la estafa.

DIONISIO.—Sí... Oí que era una estafa.

NÉSTOR.—*(Se enardece.)* Hace años que paralizaron la obra: un bloque de viviendas y comercios. Los sótanos, las tomas de agua y luz, el alcantarillado, ya estaban listos. Las zanjas y los pozos eran para eso. Y todo era una colosal trapisonda. Algunos de los tiburones financieros se largaron al extranjero cuando se descubrió, [mientras cuatro infelices empleados iban a la cárcel.] Y ahí quedó el solar, con sus bocas y su infraestructura inútil. Y así sigue: el asunto legal debe de andar enredado y nadie construye en él... Y una de esas bocas se tragó a la niña.

DIONISIO.—¿No había valla?

NÉSTOR.—La que aún tiene. Pero los chiquillos se escurrían y jugaban dentro a pesar de nuestras regañinas. Para Carmela y sus amigas ese solar era un palacio, un jardín... [Es curioso. No hay mejor parque de recreo para los niños que un solar. Por lo menos, en estos barrios. A pesar de la basura, de las latas mohosas, de algún animal muerto...]

DIONISIO.—Es la imaginación.

NÉSTOR.—Para Carmela ese agujero era un pozo de cuento.

DIONISIO.—¿No estaba cubierto?

NÉSTOR.—*(Asiente.)* Con una plancha. Pero aquel día la retiraron para que la princesa sacrificase por amor sus tesoros... Y la nena, al tirar sus piedrecitas, [sus palitos,] su trozo de espejito, resbaló y se cayó. *(Con los ojos húmedos, se pasa la mano por la cabeza.)* Siete metros de profundidad. Charito fue la que vino a avisar.

DIONISIO.—*(Le pone una mano en el brazo.)* No sigas si no quieres. *(Se levanta y va hacia el sofá, mirando el retrato. Entra* ROSA *por la derecha con un reloj de pulsera en la mano.)*

ROSA.—Te lo traigo antes de que se me olvide.

DIONISIO.—*(Se vuelve con rapidez.)* Ya te lo habría recordado yo.

ROSA.—¿Tendrá arreglo? Es muy barato y muy desobediente.

DIONISIO.—*(Lo toma, le da cuerda y escucha.)* Funcionará. Soy el mejor cirujano de relojes del mundo.

ROSA.—A ver si es verdad. *(Va a irse y se detiene.)* ¿Quieres venirte a cenar esta noche?

DIONISIO.—Otro día. Hoy quiero acostarme pronto.

ROSA.—Tú te lo pierdes. *(Sigue su camino. Se detiene poco a poco, pensativa, al tiempo que la grisácea claridad del ventano se trueca despacio en una viva luz azul que nin-*

guno de los tres advierte, pero que acaso ella imagine.
ROSA *se vuelve de nuevo hacia* DIONISIO.) ¿Estabas
mirando el retrato de Carmela? (DIONISIO *se turba.*
NÉSTOR *se inmoviliza sin mirarla.)*

DIONISIO.—*(Traga saliva.)* Y la reproducción... Ya
sabes cuánto me gusta. Son más frescas y olorosas el
agua y las flores en estas *Ninfeas* que en la realidad
misma.

ROSA.—A Carmela también .le gustaban a rabiar.
Decía que era su jardín. Tú no la conociste entonces,
pero quizá un día la conozcas. Ahora estará más guapa.

DIONISIO.—¿Dónde... crees... que estará?

ROSA.—Cualquiera sabe. Siempre soñaba con viajar y
ver países. Confío en que [no haya pasado calamidades
y en que] esté bien atendida. Ella sabe hacerse
querer..., la muy traviesa.

NÉSTOR.—*(Dulce.)* Rosa, no es seguro que vuelva...

ROSA.—*(Hiriente.)* Ya lo sé. [¿Y qué?

NÉSTOR.—Si no ha vuelto hasta ahora...

ROSA.—]Pero puede volver, porque vive. No se
encontró su cuerpo. *(Va rápida al pasillo y sale, al tiempo
que la ventana recobra su mortecino gris.* NÉSTOR *se
levanta, brusco, y se asoma al pasillo.)*

NÉSTOR.—*(Se vuelve hacia* DIONISIO *y se acerca a él.)*
Esos pozos tienen ramales laterales muy estrechos y la
nena se deslizó por uno de ellos. [Herida, porque] se
quejaba y lloraba. La oímos, de vez en cuando, durante
seis horas.

DIONISIO.—*(Impresionado, se sienta en el sofá.)*
¿También Rosa?

NÉSTOR.—Rosa gritaba, la llamaba... Bajaron hombres del Ayuntamiento, pero no podían pasar por la
abertura y, aunque le echaron cuerdas, la niña no las
cogía... y ya no se oía su queja. Después picaron para
llegar a aquel tunelillo y los poceros registraron las

cloacas. Carmelita ya no estaba en ninguna parte. Cualquiera sabe a dónde la arrastraría el agua. *(Pasea, agitado.)*

DIONISIO.—¿No ha aparecido el cuerpo de Carmela, o se lo ocultaste a Rosa?

NÉSTOR.—No apareció. *(Mira hacia el pasillo.)* [Quedaron en mirar bien todas las alcantarillas de la ciudad y sus salidas. Con la desidia que hay para todo, no sé si lo harían a conciencia. El caso es que de nada nos avisaron.] Y hace ya dos años largos. Podríamos gestiomar la declaración de fallecimiento, pero ¿para qué? No hay intereses de por medio, ni los habrá: después de su parto, Rosa ya no puede tener más hijos. Mejor no tocarlo.

DIONISIO.—Así que no está oficialmente muerta.

NÉSTOR.—A eso se agarra ella. Y yo tengo miedo. [En mi cabeza confío: soy hombre poco impresionable. Pero] noto que, para Rosa, esta casa es distinta de la que yo veo.

DIONISIO.—¿Distinta?

NÉSTOR.—Y también hay dos Rosas. Tú la ves normal, incluso alegre. Yo veo cómo a veces se abstrae, mira a esa foto y mueve los labios como... si hablara con alguien.

DIONISIO.—Quizá porque escribe teatro...

NÉSTOR.—¡No, no! Ahora mismo lo has visto. Su manera de hablar de Carmela, sus alusiones a ese retrato... [La realidad está ahí fuera, en la calle y en los problemas de todos. Aquí dentro... no sé lo que hay.] Quiero creer que ella resistirá. Es animosa. [Me ha ayudado sin vacilar en los peores momentos.] Cuando me condenaron a veinte años no se asustó. [Y] me atendió [desde la calle] ejemplarmente. Y lo habría seguido haciendo año tras año aunque no hubiese llegado la amnistía a los políticos. Y ahora, ya la ves: voluntariosa, infatigable en la Asociación... Pero aquí dentro... es otra. Y yo no sé bien qué hacer por ella. Porque es más inteligente que yo. ¡Y más culta también!

DIONISIO.—Era maestra, ¿no?

NÉSTOR.—Lo dejó para dedicarse a mí. [Ya conoces mi vida: un tipógrafo aficionado a leer y bastante combativo. Por lo tanto, despidos, estrecheces, palizas, prisiones... Y ella a mi lado, sin terminar sus estudios.] Porque me quería... Pero, después de tantas fatigas, quizá esté empezando a flaquear. Por mi culpa.

DIONISIO.—No te recrimines. No hay culpas. El mundo está mal hecho.

NÉSTOR.—Por eso hay que rehacerlo.

DIONISIO.—¿Cómo? Ya me dirás qué habéis conseguido después de tantas luchas, tú y otros. Mejoras laborales y de nivel de vida... en quienes tienen algún nivel de vida; pero un verdadero cambio, una justicia auténtica, no. Eso es irrealizable, y ahora más que nunca. El famoso progreso lo es, sobre todo, en preparativos militares que auguran una hermosa hecatombe.

NÉSTOR.—Pues hay que evitarla.

DIONISIO.—Sucederá. Es una necedad pensar que la última gran guerra ha sido precisamente la última gran guerra. Vendrá otra, y será el fin. Han puesto la riqueza mundial al servicio de los armamentos; [linda tarea que cuesta un millón de dólares, ¡por minuto! ¿Imaginas lo que se podría hacer con ese dinero? Pleno empleo en el mundo entero, educación, ocio suficiente, creatividad, bienestar para todos... Y no queremos.] Somos una especie sin porvenir. Lo notas en cualquier detalle: hasta en el imbécil que toca la bocina lleno de una petulancia insultante porque el coche que va delante ha tenido que parar unos segundos.

NÉSTOR.—Si crees que no sé todo eso...

DIONISIO.—¡Pues entonces! Es la selva, y en estas

mismas calles: navajeros, drogados, tres violaciones en los últimos meses... Es su manera de distraerse. *(Ríe.)* A mí me queda... ésta. Y a ti. Oigamos la belleza. *(Pone en marcha su aparato:* Rosamunda. *Unos segundos de música.)*

NÉSTOR.—¡No! *(Alarga el brazo y apaga el magnetófono.)* No. Yo no me resignaré a oír música solamente. ¡Tenemos que acabar un día con todos esos horrores!

DIONISIO.—¿De qué modo? ·

NÉSTOR.—Terminando [con la corrupción,] con los solares de las estafas y de la muerte, con los traficantes de armas y de drogas, con la miseria que empuja al crimen! ¡Luchando por una sociedad nueva! *(Pasea, alterado.)*

DIONISIO.—¡Y perdiendo! *(Se levanta y pasean los dos, nerviosos.)*

NÉSTOR.—¡Hay que ganar! ¡Todo, menos un suicidio colectivo!

DIONISIO.—¡Si ya nos hemos suicidado!

NÉSTOR.—¡No, y lo impediremos!

DIONISIO.—¿Con qué armas? Todas están en manos de los poderosos.

NÉSTOR.—¡Todas, no!

DIONISIO.—¡Somos ratones que se han multiplicado [demasiado] y que, como ya no caben, se aniquilan entre sí!

NÉSTOR.—¡O se unen!

DIONISIO.—Nunca del todo. [Nunca a tiempo.] Los que más tienen se unen [mejor] y escapan mejor siempre. Los demás nos devoramos antes. *(Ríe.)* Sí, incluso nosotros. *(Mueve sus dientes.)* ¡Ras, ras! El Patachula contra el Sócrates. ¡Ras, ras! El Sócrates contra el Patachula.

NÉSTOR.—¿A qué viene ahora ese sandez?

DIONISIO.—Bueno, los privilegiados también harán

¡ras, ras! con sus carísimas dentaduras postizas. Ellos dirigen la tierra desde unos pocos despachos misteriosos, pero también construyen sus refugíos atómicos porque ya no dominan nada y tienen miedo. Algunos de ellos saldrán de sus guaridas cuando termine la próxima guerra y se seguirán eliminando a dentelladas. *(Ríe.)* ¡Ras, ras! ¡Y vuelta empezar! *(Entra ROSA sonriente, con tres botellines de cerveza y tres vasos en una bandeja.)*

ROSA.—¡Qué voces! Parecéis dos tigres. Os conviene refrescaros.

DIONISIO.—Perdona la escandalera. Yo ya iba a marcharme.

ROSA.—*(Deja la bandeja en la mesa.)* ¡Ni hablar! *(Destapa un botellín y se sirve.)* Ahora beberemos en buen amor y compañía. *(Bebe.)* ¡Qué rica está! *(Sigue abriendo y escanciando.)* Toma, Dionisio. *(Se acerca y le da un vaso. NÉSTOR toma el suyo de la mesa.)*

NÉSTOR.—*(Ya sereno.)* Siéntate, hombre. *(Se sienta y bebe.)* Por el momento, seremos ratones que beben juntos. *(Ella se sienta.)*

ROSA.—¿Vas a beber de pie?

DIONISIO.—No, no... *(Se sienta a la mesa, pero no desarruga el ceño.)* Gracias por vuestra amistad.

NÉSTOR.—¡Así me gusta! *(Ríe y le palmea la espalda.)*

ROSA.—Pues a mí no me gusta nada. A ti te pasa algo; te lo estoy notando toda la tarde...

NÉSTOR.—Y Rosa no suele equivocarse... ¿Te pasa algo?

DIONISIO.—*(Después de un momento, sin mirarlos.)* Sí.

ROSA.—Pues dínoslo.

DIONISIO.—*(Titubea.)* A mí también me han echado. *(Los esposos se miran, sorprendidos.)*

NÉSTOR.—¿Del taller?

DIONISIO.—Lo estábamos viendo venir... [Regulación de empleo, y] casi la mitad a la calle. Como tengo antigüedad percibiré los dieciocho meses de subsidio; después, [allá te las compongas. Con más de cincuenta años no hay modo de entrar en otra empresa. Bueno, y con veinticinco tampoco...

NÉSTOR.—¿Y por tu cuenta?

DIONISIO.—Haré lo que me salga, si algo sale. Pero en casa. Instalarme en un portalito ya no serviría más que para pagar un alquiler y una contribución con un dinero que no tengo.] *(Bebe y ríe.)* [Dentro de dieciocho meses,] Rosa, vendré a que me dibujes un cartelito como el de Rufina.

NÉSTOR.—No te desanimes. Ya pensaremos alguna solución.

DIONISIO.—Está todo pensado y no hay salida.

[NÉSTOR.—Tienes tu sindicato, tu subsidio...

DIONISIO.—Ya ves de qué me valen.

NÉSTOR.—¡Sin ellos, todo sería peor aún!

DIONISIO.—Sí, pero con ellos... resulta que no es mejor.] *(Apura su vaso y se levanta.)* Mañana te traigo el relojito, Rosa. Verás lo que vale un relojero cincuentón sin trabajo. *(Ríe.)* Y es que, para ser buen relojero, hay que tener sentido del ritmo. Y yo lo tengo excelente, gracias a mi patachula. *(Tararea la melodía del* Danubio azul *al tiempo que, con su bastón y su pierna, la subraya con un grotesco bailecillo.)* Yo te comeré, ¡ras, ras!, ¡ras, ras!, tú me comerás, ¡ras, ras!, ¡ras, ras!... *(Así ha ido hasta el sofá, de donde recoge su aparato.)*

NÉSTOR.—*(Se levanta.)* Te acompaño hasta la esquina.

DIONISIO.—*(Va hacia la puerta.)* ¿Sin sermones sociales?

NÉSTOR.—*(Risueño.)* De algo habrá que hablar. *(Da un beso a su mujer y se reúne con* DIONISIO.)

DIONISIO.—O escuchar. Escuchar lo que nos queda. *(Pone en marcha el aparato: sigue* Rosamunda. NÉSTOR *abre la puerta y mira afuera.)*

NÉSTOR.–Ya sabes, no abras...

ROSA.–*(Sonríe.)* Sin mirar antes. Descuida.

NÉSTOR.–*(A* DIONISIO.) Sal. (DIONISIO *mira a* ROSA.)

ROSA.–Ánimo, Dionisio.

DIONISIO.–*(Eleva un poco su magnetófono.)* Rosa-munda... *(Sale.* NÉSTOR *lanza a su mujer una indefinible mirada y sale tras él, cerrando.* ROSA *mira a la puerta, tras la que se van perdiendo los sonidos. Reacciona, mira su muñeca y se llama mentalmente tonta por haber olvidado la ausencia del reloj. Se levanta y reúne vasos y botellas sobre la bandeja. Al tiempo que el ventano empieza a azularse suavemente, se detiene abstraída. Una idea le domina y se apresura a salir con su carga por la derecha. La claridad azul del ventanuco aumenta en la soledad de la habitación.* ROSA *no tarda en volver con su cuaderno y su bolígrafo. En su cara hay esperanza y emoción. Sus ojos se detienen en el retrato de* CARMELA. *Se sienta sin dejar de mirarlo y abre el cuaderno. Repasa unas líneas; vuelve a mirar la foto. De codos sobre la mesa, cruza las manos, reflexiona. Se pone a escribir. Durante unos segundos, la viveza de la luz azul crece en la ventana. Abstraída, detiene ella su bolígrafo. Muy débil y tierna, se oye la voz de una niña.)*

CARMELA.–*(Su voz.)* Estoy aquí. (ROSA *no se mueve y sonríe.)* En el jardín. Es como el del cuadro. (ROSA *observa la foto infantil. Sin que se abran sus labios, se oye su voz en el ambiente.)*

ROSA.–*(Su voz.)* ¿Lo encontraste pronto?

CARMELA.–*(Su voz.)* [Está cerquita.] Resbalé unos metros y vi la claridad.

ROSA.–*(Su voz.)* Te quejabas...

CARMELA.–*(Su voz.)* En el jardín se me pasó el dolor.

[ROSA.–*(Su voz.)* Me llamabas...

CARMELA.–*(Su voz.)* Porque veía la luz azul.]

ROSA.–*(Su voz.)* Ya no te oí...

CARMELA.—*(Su voz.)* La luz era tan preciosa que olvidé llamarte.

ROSA.—*(Su voz.)* ¿Cómo era?

CARMELA.—*(Su voz.)* Como es. El agua es muy azul y me llevan en barca. Y hay una luz maravillosa en el jardín.

ROSA.—*(Su voz.)* ¿Bajo la tierra?

CARMELA.—*(Su voz.)* Yo... no sé.

ROSA.—¿Cómo puedes ver en lo oscuro? (ROSA *espera alguna respuesta íntima que no llega. Lee en su cuaderno, piensa, escribe unas palabras.)*

CARMELA.—*(Su voz.)* Hay rayos de luz azul.

ROSA.—¿Rayos?

CARMELA.—*(Su voz.)* De un azul, y otro, y otro... Deslumbran. Y hay aparatos que suenan.

ROSA.—¿En un estanque?

CARMELA.—*(Su voz.)* Máquinas muy grandes... Muy brillantes. Y oigo risas... Y huele muy bien.

ROSA.—¡Embusterilla! Tú ya no estás en el jardín. Tú saliste por algún agujero a recorrer mundo.

CARMELA.—*(Su voz, ahogada de risa.)* ¡Estoy en el jardín!

[ROSA.—Ahí no se puede estar. *(Arrecia la risa de la niña.)*

CARMELA.—*(Su voz.)* Si tú lo dices...]

ROSA.—¿Por qué me mientes? *(No hay respuesta.* ROSA *deja de fijarse en la foto y se le pierde la mirada.)* Dime dónde estás.

CARMELA.—*(Su voz.)* En un circo. Ellos me recogieron.

ROSA.—¿Quiénes?

CARMELA.—*(Su voz.)* Unos gitanos muy simpáticos.

ROSA.—¡Fantasiosa! No hay gitanos en los circos.

CARMELA.—*(Su voz.)* En éste sí. Hay una cabra, un

oso que se llama Felipe, una trompeta y un tambor. [Ése es el circo.] Y ya sé dar volteretas.

ROSA.—¿Vendrás?

CARMELA.—*(Su voz.)* Cuando haya visto más calles y campos del jardín. El circo está en el jardín.

ROSA.—Hace dos años que te esperamos...

CARMELA.—*(Su voz.)* ¿Papá también?

ROSA.—*(Insegura.)* También. No tardes.

CARMELA.—*(Su voz.)* Ya falta menos.

[ROSA.—¿De verdad estás en el jardín?

CARMELA.—*(Su voz, risueña.)* Es... como un jardín.

ROSA.—¿Muy grande?

CARMELA.—*(Su voz.)* Más que una ciudad. Lo están construyendo en secreto.

ROSA.—Algo he oído de eso. ¿Y se puede vivir en él?

CARMELA.—*(Su voz, riendo.)* ¡Claro! Hay de todo. Hasta un circo.]

ROSA.—*(Después de un momento.)* ¿Dónde está ese jardín, embusterilla? *(Le responde la risa de la niña. Después, silencio.)* ¡Dímelo! *(Silencio. Suena el llavín en la puerta y* ROSA *se sobresalta. El ventanuco recobra rápidamente su gris mortecino.* ROSA *se levanta y huye por la derecha con su cuaderno y su bolígrafo, al tiempo que* NÉSTOR *entra y cierra. Con aire preocupado,* NÉSTOR *mira por un momento hacia el pasillo donde aún oye los pasos de su mujer. Después y mientras enciende un cigarrillo va sigiloso a la estantería, busca el libro que vio y lo toma. Con alguna mirada hacia la derecha, pasa páginas y, hallado lo que buscaba, lee por encima. La silenciosa entrada de* ROSA *le impide devolver el libro a su sitio y lo esconde aprisa a su espalda.)*

ROSA.—Pronto has vuelto.

NÉSTOR.—Dionisio prefería estar solo.

ROSA.—¿Crees que encontrará trabajo?

NÉSTOR.—No es fácil.

ROSA.—*(Cruza.)* Pobre hombre.

NÉSTOR.—*(La retiene al pasar.)* [¿A dónde vas?

ROSA.—A sentarme.

NÉSTOR.—]¿No se te olvida algo?

ROSA.—¿A mí?

NÉSTOR.—Últimamente lo olvidas mucho.

ROSA.—¿El qué?

NÉSTOR.—Esto. *(Le planta un beso en la boca.)*

ROSA.—*(Riendo.)* ¡Es que tú te adelantas! *(Le toma la cabeza y le devuelve el beso. Sigue su camino.)*

NÉSTOR.—*(Risueño.)* Y tú te retrasas. ¿No será... que tienes a otro hombre entre ceja y ceja?

ROSA.—¿Yo? ¡Ya me dirás quién podría ser! *(Ante el sofá, mira* Las Ninfeas.)

NÉSTOR.—Uno que te quiera muchísimo.

ROSA.—Tú. *(Se sienta en el sofá.)*

NÉSTOR.—*(Muy sonriente.)* O Dionisio.

ROSA.—¿Qué?

NÉSTOR.—No disimules, hipocritona. No me digas que no te has dado cuenta.

ROSA.—Hombre, me tiene afecto, pero...

NÉSTOR.—*(Calmoso.)* No mientas.

ROSA.—*(Sonriente.)* Me encanta verte celoso.

NÉSTOR.—No estoy celoso.

ROSA.—No mientas... *(Ríen.)*

NÉSTOR.—De verdad, no son celos. Si es natural. Está solo, somos sus amigos. Y tú eres tan guapa...

ROSA.—¡Huy! Casi una vieja.

NÉSTOR.—No mientas... *(Vuelven a reír.)*

ROSA.—Eres un liante. Ven a sentarte conmigo.

NÉSTOR.—Tentadora proposición en tarde de sábado...

ROSA.—*(Voz velada.)* ¿No vas a sucumbir a la tentación? *(*NÉSTOR *se acerca, embarazado por el cigarrillo y el libro que esconde.)* ¿Pretendes quemarme con el pitillo?

(NÉSTOR *sonríe, va a la mesa y deja el cigarrillo en el cenicero. Al tiempo, abandona suavemente el libro sobre la
mesa, procurando que ella no se dé cuenta. Se acerca luego
a su mujer. Pero, al apartarse de la mesa,* ROSA *divisa el
libro. Él ya está a su lado. Ella sigue mirando a la mesa,
muy seria.*) ¿Qué libro es ése?

NÉSTOR.—Lo he encontrado entre los nuestros. ¿Lo
has traído tú? (ROSA *se levanta, va a la mesa y se cer-
ciora.*)

ROSA.—Sí.

NÉSTOR.—*Leyendas americanas.*

ROSA.—Eso es. *(Deja el libro.)*

NÉSTOR.—Y entre ellas, la del gran caimán.

ROSA.—¿La has leído?

NÉSTOR.—Unas líneas. ¿Te has inspirado en ella?

ROSA.—Más o menos.

NÉSTOR.—*(Se acerca.)* ¿Puedo leerla?

ROSA.—*(Seca.)* Vaya pregunta. (NÉSTOR *abre el libro,
busca y lee. Ella vuelve al sofá.*)

NÉSTOR.—«Esta es la historia verdadera de Xoquec el
valeroso y de Nulú, el gran caimán del Río Verde. Esta
es la historia de Xoquec y de su anciano padre Curucé,
el cacique de los indios yonemas en la región de
Nehualcán. Y es la historia de Michila, que amó a
Xoquec a la sagrada luz [de la llama] de la antigua
era...»

ROSA.—¿La vas a leer entera? Es larga [y yo ya me la
sé]. *(Se sienta.)*

NÉSTOR.—*(Cierra el libro.)* Hazme tú un resumen.

ROSA.—¿Qué prefieres, el resumen o sentarte a mi
lado?

NÉSTOR.—*(Riendo.)* ¿Todavía te resistes a contar lo
del caimán?

ROSA.—*(Fría.)* Porque aún no he pensado el final.

NÉSTOR.—Te juro que me intrigas. ¿Me haces el resumen?

ROSA.—*(Contrariada.)* Como quieras.

NÉSTOR.—*(Se sienta a la mesa.)* Te escucho.

ROSA.—*(Áspera.)* Pero eres un idiota.

NÉSTOR.—*(Sonríe.)* Un idiota dispuesto a escuchar.

ROSA.—*(De mala gana.)* Es un mito de los Mayas o de los Incas, no recuerdo ahora... Es infantil, pero lo encontré... bonito.

NÉSTOR.—¿El caimán?

ROSA.—¡Estúpido! Nulú era el dios del río: un caimán enorme. Los yonemas le ofrendaban animales: [era un pacto]. Él se abstenía en cambio de atacarlos cuando se bañaban.

NÉSTOR.—Bondadoso lagarto.

ROSA.—*(Seria.)* E imprevisible, como toda divinidad. Una tarde, al hacer sus abluciones en la orilla el anciano Curucé, el caimán se lo tragó.

NÉSTOR.—¿Entero?

ROSA.—¡Sí!

NÉSTOR.—No le cabría.

ROSA.—¡Es una fábula!

NÉSTOR.—Es una fábula. Adelante. *(La luz cambia levemente. En el ventano la claridad azulada vuelve a insinuarse.)*

ROSA.—Por eso el anciano jefe no murió.

NÉSTOR.—Es curioso como un mismo mito aparece aquí y allá... Jonás sobrevive dentro de la ballena. El papá de Pinocho también, en el cuento. Y creo recordar otro cuento ruso donde un cocodrilo se traga a un funcionario...

ROSA.—Hay casos reales.

NÉSTOR.—No lo dirás en serio.

ROSA.—¿No te acuerdas de aquel marinero inglés tragado por una ballena? ¡Lo leímos juntos! Cuando la

abrieron salió [baldado y] casi desollado, pero aún vivió
muchos años.

NÉSTOR.—*(Entre dientes.)* Una historia increíble.

ROSA.—¡Estaba documentada!

NÉSTOR.—¿Qué le pasó al viejo cacique?

ROSA.—Desde la garganta del caimán, llamaba.
(NÉSTOR *está mirando fijamente a su mujer. Se levanta
ella y pasea, sin poder dominar su excitación.)* Son los
susurros de los antepasados desde el fondo del agua,
decían las vírgenes. Había que acatar los designios del
dios si devoraba a una presa humana. Pero Xoquec
dijo: ¡No!

NÉSTOR.—*(Influido a su pesar por el ambiente.)*
¿Xoquec?

ROSA.—El hijo del jefe. [El prometido de Michila.]
Armado con el bastón de su padre entró en el río, ante
el horror de todos por aquella rebeldía contra la tradición. Sólo Michila cantaba un himno de victoria.
Xoquec maldijo al dios y a su tradición. El dios abrió
sus mandíbulas terribles para despedazarlo... *(Se
detiene, emocionada.)* El muchacho encajó el bastón en
las fauces y se abalanzó a aquella bocaza llamando a su
padre, dispuesto a morir con él si no lo salvaba. Y con
sus fuertes manos lo sacó, ileso. ¡Tú eres ahora nuestro
jefe!, dijo Curucé. y los guerreros mataron con sus
lanzas al dios perverso y pusieron el bastón en manos
de Xoquec diciéndole: ¡Éste es tu cetro! Y aquella
noche, Michila se entregó a su amado. *(Un silencio. La
luz de la ventana se normaliza. ROSA se calma y habla con
sequedad a su marido.)* ¿Satisfecho? *(Y se encamina hacia
el pasillo.)*

NÉSTOR.—*(Se levanta con el libro en las manos y va a la
estantería.)* ¿Crees que esa fábula puede beneficiar a los
chicos de tu teatro y a nuestros vecinos? *(Coloca el libro
en su lugar.)*

ROSA.—*(Se detiene.)* ¿Por qué no?

NÉSTOR.—Porque exalta una acción imposible. [El padre no podía vivir dentro del caimán y Xoquec habría sido devorado.]

ROSA.—Te he oído muchas veces que el arrojo es necesario contra los falsos dioses que nos oprimen.

NÉSTOR.—Y también el sacrificio, pero sólo si puede dar frutos. Sacrificarse para que el bicho nos triture es un disparate.

ROSA.—Pero un día viene un valiente como Xoquec, realiza lo que parecía imposible y salva a su padre y a su pueblo. ¿No es eso lo que hay que enseñar a los jóvenes? *(Se sienta junto a la mesa.)*

NÉSTOR.—¡Ese Xoquec era un irresponsable! ¡Quiso rescatar a un padre ya muerto!

ROSA.—¡Estaba vivo! Todos estamos vivos dentro del caimán, aunque sus dientes nos tengan atrapados.

NÉSTOR.—Eso es poesía. *(Se sienta a su lado.)* En la realidad... las cosas no son tan bellas, Rosa. *(Se atreve a poner una mano sobre la de ella.)*

ROSA.—*(Retira su mano.)* Ya lo sé. ¿También quieres desterrar la poesía?

NÉSTOR.—Bien sabes que no...

ROSA.—*(Se levanta y pasea, alterada.)* ¡Pues lo parece! ¡Ah! ¡Estaba segura de que no te gustaría esa leyenda!

NÉSTOR.—No es que no me guste, Rosa...

ROSA.—¿Cómo puedes tú, ni nadie, decidir lo que es posible y lo que no puede serlo? ¡Un padre puede estar vivo dentro de un caimán o de una ballena! ¡Un hijo puede sacarlo!

NÉSTOR.—*(Se levanta y se enfrenta con ella.)* ¡No sin la tenacidad y la ayuda de muchos otros!

ROSA.—¡O con la impaciencia y la rebeldía de uno solo! *(Se miran, desazonados e irritados. Segundos antes se ha empezado a oír la* Elegía, *segundo movimiento del*

Concierto para orquesta de Béla Bartók. Los esposos atienden, vueltos hacia el frente).

NÉSTOR.—Es Dionisio, que pasa.

ROSA.—¿Llamará?

NÉSTOR.—No creo. (DIONISIO *aparece con su casete por la izquierda del primer término. A los pocos pasos se detiene y mira hacia el interior invisible para él. Sube la luz en la calle y empieza a bajar en la casa. De pronto, ROSA se precipita sollozando en los brazos de su marido.)*

ROSA.—¡No me hagas llorar!... (NÉSTOR *la abraza con ternura y, rodeándola con sus brazos, la conduce hacia el pasillo.)* ¡No me hagas llorar!... *(Salen los dos. Apenas quedaba ya luz en la habitación, ahora oscura del todo. La* DAMA *apareció por la derecha del primer término, ya sin su magnetófono, y cruza hacia la izquierda observando a* DIONISIO.)

DAMA.—*(Mientras lo ve salir.)* En aquellas calles, tan diferentes de las de ahora en mi recuerdo, el Patachula y los «Profesores» fueron perfeccionando su agonía. Unos pocos amigos del vecindario se preguntaban cómo una mujer tan inteligente había podido caer en la monomanía de que la niña seguía viva... ¿Era tan absurda, sin embargo, esa lastimada esperanza? *(Sonríe, enigmática.)* ¿Sabemos nunca lo que vamos a perder o a recobrar? Como una madre presa en el vientre de un monstruo, ella esperaba el beso liberador de su hija... *(Desaparece por el lateral izquierdo y la luz se extingue en la calle, al tiempo que se ilumina la vivienda con tibieza de atardecer. Apenas resta claridad en los vidrios del ventano y* ROSA, *ensimismada, descansa en el sofá con un libro abierto, en el que ya no lee, sobre el regazo. Colocada verticalmente, hay ahora en el aparador una carta cerrada en la que no se repara fácilmente. Llaman a la puerta con los nudillos, y en el ventano hay un destello azul que no desaparece. Sobrecogida,* ROSA *se incorpora y corre ansiosa a*

*atisbar por la mirilla. Se nubla su cara; se nubla el ven-
tano.* ROSA *abre.)*

ROSA.—Pasa. *(Y se retira hacia el fondo. Entra*
DIONISIO *y cierra.)*

DIONISIO.—¿No enciendes?

ROSA.—Me cansé de leer. *(Va a la pantalla y la enciende.)*

[DIONISIO.—¿También de escribir?

ROSA.—Ya he terminado.]

DIONISIO.—*(Se acerca a ella.)* Tu relojito. ¡No habrá
que tocarlo ni en veinte años! *(Se lo da.)*

ROSA.—Gracias. *(Se recuesta en el aparador y se lo
pone.)*

DIONISIO.—Tuve que cambiarle el muelle.

ROSA.—Eso vale dinero.

DIONISIO.—No podrías pagar el precio porque incluye
mi genialidad.

ROSA.—No, en serio. Dime...

DIONISIO.—¿De verdad?

ROSA.—¡El material por lo menos!

DIONISIO.—Es algo caro. Nada menos que... una cerveza.

ROSA.—*(Sonríe.)* ¡Idiota! *(Va hacia el pasillo.)*

DIONISIO.—¡Una cerveza en compañía!

ROSA.—Vale. *(Se va.* DIONISIO *contempla el retrato de
la niña. Cruza luego, deja su magnetófono sobre la mesa y
se acerca al pasillo.)*

DIONISIO.—*(Eleva la voz.)* ¿No está tardando Néstor?

ROSA.—*(Su voz.)* Y lo que tardará. Los tipógrafos
tenían asamblea después del trabajo.

[DIONISIO.—¿Despidos?]

ROSA.—[*(Se acerca su voz por el pasillo.)* No sé.] *(Entra
con dos botellines abiertos y dos vasos.)* ¿No te sientas?

DIONISIO.—Sí. *(Se sienta a la mesa.)*

ROSA.—*(Escancia la cerveza.)* ¿Cuál es tu música de hoy?

DIONISIO.—[Varias.] Ésta, por ejemplo. *(Da a la tecla. Muy suave, comienza el primer movimiento,* Adagio-Alegro con brío, *del* Septimino *de Beethoven.)*

ROSA.—*(Le tiende la cerveza.)* El *Septimino. (Escucha unos segundos. Se aparta, soñadora.)* Una delicia.

DIONISIO.—La delicia que nos sosiega y nos permite esperar algo..., aunque estemos dentro del caimán.

ROSA.—¿Ya te lo contó Néstor?

DIONISIO.—Me dijo que tú se lo permitías.

ROSA.—*(Desafiante.)* No importa que yo esté dentro. Mi hija me sacará. *(Bebe.)*

DIONISIO.—Todos estamos dentro, y es lo que Néstor, con sus nobles ilusiones, no puede comprender. Tú sí estás empezando a entenderlo y eso te entristece. La obrita que ensayas no te consuela ya.

ROSA.—Me estás haciendo daño.

DIONISIO.—Estoy procurando ayudarte.

ROSA.—¡Todos pretendéis ayudarme! Y nadie cree que ella vive. *(Pasea, nerviosa.)* Un día llamará a esa puerta. *(Se detiene.)* ¿Piensas que deliro?

DIONISIO.—De ningún modo.

ROSA.—Claro que lo piensas. *(Corre al aparador y saca de un cajón otro cuaderno distinto del que escribía.)* ¡Mira! Recortes de prensa. *(Lo pone sobre la mesa y pasa hojas ante* DIONISIO.) En sólo dos años, seis reaparecidos. ¡Lee! ¡Encuentran al padre a los veinte años de darlo por muerto! ¿Y éste? ¡Un hijo de quince años vuelve a su casa a los seis de ausencia!... Este otro no quería que lo idntificasen; había emprendido una nueva vida. Pero lo reconocieron... *(Con acento de triunfo.)* ¡Y en ningún caso se habían encontrado sus cuerpos!... [Naturalmente: no podían encontrarlos.] Yo vivo porque Carmela está viva. La comedia del caimán no es más que una distracción mientras la espero. A veces imagino que hablo con mi hijita: otro capricho. ¿Qué le voy a hacer, si estoy llena de ella, si hasta la veo y la oigo cuando sueño?...

DIONISIO.—Tú también...

ROSA.—*(Sorprendida.)* ¿Qué dices?

DIONISIO.—La ves en sueños y no puedes dejar de preguntarte si no será una visita verdadera.

ROSA.—*(Con ojos reprobadores, se sienta a su lado.)* ¡Pobre Rosa! ¿Verdad?

DIONISIO.—Al contrario...

ROSA.—No finjas. Tú también quieres convencerme de que todo son fantasías.

DIONISIO.—Yo deseo de todo corazón que Carmela esté viva.

ROSA.—Pero no lo crees. *(Despechada, apaga el magnetófono.)*

DIONISIO.—Rosa, voy a confiarte algo que tu marido no sabe... [*(Se oye de pronto un disparo lejano. Ambos se alarman.)*

ROSA.—¿Han disparado? *(Otro disparo.)*

DIONISIO.—Dos tiros. (ROSA *se levanta, corre a la puerta y espía por la mirilla.*] *Él se levanta* [*y se acerca.)*

ROSA.—*(Murmura.)* Ayer apuñalaron a una vieja para quitarle unos billetes... ¿Te enteraste?

DIONISIO.—Sí. Déjame ver. *(Mira a su vez.)*

ROSA.—No estaré tranquila mientras no vuelva Néstor.

DIONISIO.—No va a haberle tocado a él...

ROSA.—Quién sabe. *(Va a la mesa, bebe un trago de su vaso y recoge el cuaderno.)*

DIONISIO.—Pronto volverá. Ya lo verás. *(Retorna a su lado.)*

ROSA.—*(Súbitamente asustada.)* ¿Y ella? ¿Y si me la matan a ella al volver a casa?

DIONISIO.—¡Rosa, no pierdas los nervios! Sería demasiada casualidad.

ROSA.—Ya es de noche... Néstor tendría que haber vuelto. *(Bebe otro sorbo.)*

DIONISIO.—Tranquilízate... Siéntate.

ROSA.—*(Se sienta, intranquila.)* Me ibas a contar algo...

DIONISIO.—Sí.] *(Pasea, titubeante.)* Una historia muy vieja... que tus sueños me han recordado.

ROSA.—¿Mis sueños con Carmela?

DIONISIO.—Mi padre era el hombre de confianza de un tipo metido en especulaciones nada limpias... Te estoy hablando de mi niñez... Tú no hubías nacido. Te estoy hablando de nuestra guerra. Se llevaron a mi padre, y mi madre lo veía en sueños. Y yo.

ROSA.—¿A dónde... se lo llevaron?

DIONISIO.—A una cárcel. Después, cuando la ciudad estuvo a punto de caer, lo mataron como a tantos otros. Pero corrió el bulo de que un camión de detenidos salido de aquella prisión había logrado pasarse al otro lado [por el frente cercano.] Y desde entonces... mi madre esperó verle regresar [cuando la guerra terminase.] Perdí después la pierna y ella me decía: tu padre te comprará la que ahora yo no puedo adquirirte. Y yo, como es natural, deseando que tomaran Madrid, porque mi madre había decidido ignorar que en el otro lado mataban igual... [y que lo iban a seguir haciendo cuando ganasen.] Terminó la guerra y mi padre no volvió. Pero ella siguió esperándolo. Dieciocho años.

ROSA.—*(Conmovida.)* ¿Tanto lo esperó?

DIONISIO.—Ella murió a los dieciocho años. Me decía: Puede que haya otra mujer, otros hijos. Quizá esté en el extranjero. Vendrá un día y nos explicará por qué ha tardado tanto. *(Breve pausa.)* Y yo, un muchacho ya, soñaba a veces que él me llamaba desde el fondo del pasillo y me decía: Aquí estoy.

ROSA.—¿Nunca dejó ella de esperarlo?

DIONISIO.—Nunca. Gestionó la declaración de falleci-miento porque necesitábamos la pensión de viuda de caído, pero decía: cuando comprenda que no lo vamos a descubrir, aparecerá con otro nombre.

ROSA.—*(Muy débil.)* ¿Tú le esperas todavía?

DIONISIO.—No. *(Se acerca a la mesa y bebe de su vaso.)* Pero aún lo veo en algún sueño.

ROSA.—*(Se levanta.)* ¿Me lo has contado para que admita que Carmela no volverá?

DIONISIO.—*(Desconcertado.)* No me has entendido...

ROSA.—*(Se aleja con brusquedad.)* Te he entendido perfectamente. ¡Por favor, déjame sola!

DIONISIO.—*(Después de un momento.)* [Está bien.] Per-dona. *(Se cuelga su aparato y se encamina con su bastón a la puerta.)* Pero no me has comprendido. Yo... he que-rido decirte que es en las esperanzas que parecen improbables en las que hay que creer, no en las que parecen alcanzables y que tantas veces no se cumplen. [Han pasado muchos años para no comprender que] mi padre no puede estar vivo y [que] seguramente lo mataron ya entonces. Pero mi pobre madre lo esperó siempre [y yo la bendigo por ello. Como te bendigo a ti porque esperas a tu hija. *(El ventano empieza a azulear.)* Y sólo hace dos años que falta... Puedes y debes esperarla.] Sólo lo que parece imposible merece espe-rarse, porque quizá no lo es. *(Con emoción contenida, tras una breve pausa.)* También yo espero ahora... otro imposible. Creo que llegará el que tú esperas, porque quiero creer que llegará el mío. *(Breve pausa.)* Incluso pienso que, si uno de ellos se realiza, se cumplirá el otro. *(Plena luz azul en la ventana.)* Ojalá Carmela llame pronto a esta puerta. Adiós. *(Va a salir.)*

ROSA.–No. Quédate. *(Se miran fijamente. Ella se acerca un poco a él.)* ¿Qué imposible es el que esperas?

[CARMELA.–*(Su voz.)* Papá va a volver.]

DIONISIO.–*(Desvía la vista.)* Prefiero no hablar de eso. *(Se aleja hacia el sofá y mira el retrato de la niña.)*

ROSA.–Somos tus amigos... Debes confiarnos tu esperanza, por si podemos ayudarte a realizarla.

DIONISIO.–Néstor no cree en esperanzas imposibles.

ROSA.–*(Tras él.)* Pero yo sí.

[CARMELA.–*(Su voz.)* Papá se acerca.]

DIONISIO.–¿Y quieres saberlo... aunque Néstor no lo sepa?

ROSA.–Sí.

[CARMELA.–*(Su voz.)* Papá me cree muerta.]

DIONISIO.–*(Trémulo, se vuelve despacio hacia ella.)* ¿Un secreto entre tú y yo?

ROSA.–La continuación del secreto. *(Una pausa. DIONISIO se deja caer en el sofá con un angustiado suspiro.)*

DIONISIO.–Rosa, yo soy un hombre débil... Es muy difícil resistir el ansia de desahogarse con una amiga como tú... Pero es más difícil hablar. (ROSA *se sienta a su lado.)*

[CARMELA.–*(Su voz.)* Papá va a abrir. No le ha pasado nada. Pero él me cree muerta.]

ROSA.–*(Se atreve a poner su mano en el brazo masculino.)* Inténtalo. *(Se miran. Suena levemente el llavín en la puerta y de momento no lo advierten. Cuando empieza a abrirse la miran los dos y ella retira su mano antes de que su marido pueda notarlo. NÉSTOR entra y cierra. Al volverse repara en ellos. Transcurre un segundo de perplejidad entre los tres. ROSA se levanta y corre a abrazar a NÉSTOR.)* ¡Por fin has llegado! *(Le besa.)*

[NÉSTOR.–¿Estabas inquieta?

ROSA.—Han sonado hace poco dos tiros. ¿Los has oído?]

NÉSTOR.—Han disparado contra la puerta de la Casa de la Cultura. No han herido a nadie. Pero también hay que protestar por esto en la manifestación. *(Cruza hacia la mesa.)*

DIONISIO.—¿Qué manifestación?

NÉSTOR.—*(Irónico.)* Claro. Tú, en tu mundo. Pues ayer te hablé de ella. Se celebrará el domingo que viene. Contra el paro, contra el terrorismo, contra las violaciones, contra las intentonas del fascismo... Hoy la hemos terminado de organizar.

ROSA.—¿Por eso tardabas?

NÉSTOR.—Sí. ¿Cuál es tu vaso?

ROSA.—El menos lleno. (NÉSTOR *lo toma y bebe.)*

DIONISIO.—Lástima de esfuerzos.

NÉSTOR.—¿Lástima?

DIONISIO.—Perdona. Sin duda yo soy el tonto y tú el listo.

NÉSTOR.—*(Sonríe.)* Sin duda.

DIONISIO.—¡Seguro! Los embajadores harán pública su solidaridad con el barrio; [desfilarán gigantescas manifestaciones de apoyo en Washington, Moscú y París;] Inglaterra movilizará su escuadra en defensa de la señora Rufina...

ROSA.—*(Cruza para recoger vasos y botellas.)* Por favor, Dionisio.

DIONISIO.—La manifestación costará tal vez alguna muerte. Pero ¿qué importa, si nos va a reportar la solución [definitiva] de todos nuestros males?

NÉSTOR.—*(Se sienta, mohíno.)* Lo que podamos hacer, lo haremos. Y si tiran contra nosotros... *(Riendo, a su mujer.)* Dionisio, que no va a arriesgar el pellejo, te protegerá.

ROSA.—¡No digas atrocidades! Yo también voy a ir. ¿Saco la cena?

NÉSTOR.—*(Deja el vaso en manos de* ROSA.*)* Dentro de un rato.

[CARMELA.—*(Su voz.)* No vayas tú, mamá... Yo volveré pronto.]

DIONISIO.—De verdad: me dais pena.

ROSA.—Iré poniendo la mesa. *(Deja sobre una silla cenicero, botellas y vasos. Va al aparador y saca mantel, servilletas y cubiertos que va poniendo en la mesa.)*

DIONISIO.—*(Entretanto.)* No queréis admitir que la partida se ha perdido. El dinero es ya invencible y no permitirá rebeldías. Nos asesinará o nos comprará, pero no nos liberaremos.

NÉSTOR.—¿Qué pretentes entonces? ¿La resignación?

DIONISIO.—Yo pretendo cosas muy personales y casi imposibles: las únicas que merecen esperarse. *(Breve pausa.)* Como Rosa.

NÉSTOR.—¿Qué dices? (ROSA, *que se disponía a salir con las botellas y los vasos, se detiene, turbada.)*

DIONISIO.—*(Con audacia.)* Que ella espera lo que puede y debe esperar. Algo al parecer irrealizable y quizá más cierto que toda tu palabrería. (ROSA *deja su trajín y atiende.)*

NÉSTOR.—*(Calmoso.)* Lo que ella espera también lo espero yo.

DIONISIO.—¡Quía! Tú eres un hombre sensato que sólo espera lo razonable.

NÉSTOR.—*(Inquieto.)* ¡No digas tonterías! Yo nunca he negado que nuestra hija pueda reaparecer. (ROSA *lo mira, turbada.)*

DIONISIO.—No negar no es afirmar.

NÉSTOR.—*(Irritado.)* ¡Dionisio! *(Con su tono le quiere recordar que ya han hablado de ello.)* Estás inquietando a Rosa y no creo que...

Rosa.—*(Se sienta.)* Déjale hablar.

Dionisio.—¿Qué sabes tú de anhelar cosas que parecen imposibles? *(Baja la cabeza.)* Yo sí lo sé.

[Carmela.—*(Su voz.)* Pronto, mamá. Antes de lo que piensas...]

Néstor.—*(Seco.)* ¿Sí? Pues sepamos qué imposible es el que anhelas.

Rosa.—No.

Néstor.—¿Cómo que no?

Rosa.—*(Vacila.)* No le obligues a hacer confidencias. Son muy delicadas.

Dionisio.—Sin embargo, os lo voy a decir. Tú sabes cómo perdí mi pierna...

Néstor.—En un bombardeo.

Dionisio.—*(Asiente.)* En el asedio de Madrid. Yo era muy pequeño. (Rosa *se levanta y toma vasos y botellas.)* ¿Te vas, Rosa?

[Carmela.—*(Su voz.)* Vuelve en seguida... Lo estás deseando...]

Rosa.—Vuelvo en seguida. *(Sale por el pasillo.)*

Dionisio.—*(Ríe.)* Te aseguro que vivir es el mayor de los bromazos. A mi padre lo fusilaron por ser un títere de la burguesía. Después los guardianes de la burguesía lanzan sus bombas contra la población civil, destrozan a niños y a mujeres, y a mí me dejan cojo. Mi madre ya no supo qué pensar.

Néstor.—Pero tú sí.

Dionisio.—Sí... Más tarde pensé que estaba, pese a todo, contra los que intentaban sojuzgar al pueblo. Y más tarde aún... me puse a oír música. ¿Quieres una poca? (Rosa *entra despacio, con platos que va colocando en la mesa.)*

Néstor.—Ahora no.

Dionisio.—Un niño cojo. Para toda la vida. Primero, las muletas. Después, una pata de palo. *(Ríe.)* ¡A la

fuerza tiene que desear cosas imposibles! En la escuela
se ríen de él, porque los niños son los animales más
feroces de la zoología. Y el cojito, que todavía cree en
Dios, reza para que los niños sean sus amigos. El buen
Dios no hace caso, pero el niño no se arredra... (ROSA
se sienta junto a su marido.) Y reza por las noches...
(Ríe.) ... para que le crezca otra pierna. Y el buen Dios,
callado. ¡Ah, pero el niño ha tenido suerte! Como está
impedido y no puede estudiar, que para eso no hay
dinero, su mamá logra colocarle en un taller de relo-
jería. Y como no puede vivir, se hartará de leer. Y con
los años, podrá mercarse su pierna de metal. *(Se levanta
y camina, ayudado como siempre por su bastón.)* Ésta.
(Ríe.) ¡La patachula! *(Un grotesco bailecillo. Se detiene
ante ellos.)* El muñón dejó de molestarle. Tampoco le
duelen ya... los otros feísimos costurones de la metralla.
(Lento.) No hay mujer que le quiera y tampoco él lo
intenta. *(Se acerca a la mesa y se sienta.)* Sin embargo,
con más de cincuenta años, ¡si será necio!, sigue
soñando con esa mujer imposible.

NÉSTOR.—*(Tenso.)* ¿De qué imposibilidad hablas?

DIONISIO.—[Te lo he dicho...] En algún lugar de la
tierra hay quizá una mujer [imposible...] capaz de amar
mi pierna destrozada. *(Baja la cabeza.]* Y yo la espero.
(Un silencio. NÉSTOR se levanta y pasea.)

[CARMELA.—*(Su voz.)* Espérame, mamá. Ya estoy
muy cerca de casa. En el solar, que es un jardín azul.
(ROSA *se estremece.)]*

NÉSTOR.—Rosa: ¿Has entendido lo que Dionisio
quiere decir? (DIONISIO *lo mira, sobrecogido. Breve pausa.)* ¡Rosa!

ROSA.—*(Leve respingo.)* ¿Eh?

NÉSTOR.—*(La considera.)* Te pregunto si te das cuenta
de lo equivocado que está Dionisio.

DIONISIO.—*(Con sorna.)* ¿De veras?

NÉSTOR.—¡No hay ninguna mujer imposible a quien esperar! ¡Hay miles de mujeres posibles esperándote!

DIONISIO.—Por dinero no será...

NÉSTOR.—Por el cariño que tú aciertes a despertar.

DIONISIO.—*(Sin poder evitar una fugaz mirada a* ROSA.) ¿Y tú me dices eso?

NÉSTOR.—*(Risa intencionada.)* No creas que no te entiendo. Has sido toda tu vida ese niño mutilado y condenado a ser distinto, ansioso de una ternura... que no te atrevías a pedir. *(Le pone las manos en los hombros con agresividad contenida.)* ¡Debiste atreverte! *(A su espalda, le aprieta aún más los hombros.)* A tiempo.

DIONISIO.—Es fácil hablar así con tus dos piernas.

[NÉSTOR.—Lord Byron era cojo y fue amado. Nelson era manco y tuerto: le adoraron las mujeres.

DIONISIO.—No eran relojeros mediocres y viejos.]

NÉSTOR.—*(Le ha abandonado y acaricia ahora los hombros de* ROSA.) [Con su mano estropeada, Cervantes se casó.

DIONISIO.—Y como era un soldado oscuro y enveje-cido, no tardó en separarse.

NÉSTOR.—Hay personas muy gallardas que tampoco tardan en separarse.] Hay cojos y mancos unidos con sus mujeres hasta la muerte.

[DIONISIO.—La costumbre... La rutina.

NÉSTOR.—*(Grave.)* Todos llevamos nuestra carga de infortunio. Tú lo sabes bien, Rosa. Hambre, cárceles... Vísceras averiadas a causa de los golpes... *(Le está acari-ciando el cabello.)* Nadie sabe quién sufre mayores dolores. *(A* DIONISIO.) Tú has sufrido como todos... Como yo.] ¿Por qué no te decidiste a ofrecer tu sufri-miento, con humildad y valor, a alguna mujer?

DIONISIO.—A tiempo.

NÉSTOR.—Sí.

DIONISIO.—¿Ya no?

NÉSTOR.—*(Contrariado.)* También ahora, aunque ya no sea tan fácil. *(Retira sus manos de* ROSA.)

DIONISIO.—Exacto. Por eso sería necesario hallar a la mujer... casi imposible. *(No mira a ninguno de los dos.)* Pero tú tienes razón. Acaso me atreva a destiempo.

CARMELA.—*(Su voz.)* Mamá...

DIONISIO.—Cuando encuentre a una mujer... tan herida por sus propios dolores... que sea capaz de apiadarse de los míos. Y yo de los suyos.

NÉSTOR.—*(Violento.)* ¡Y a tapiar la casa y a pasarlo tan ricamente cultivando juntos vuestras dos penas! *(Muy fuerte.)* ¿Y los demás, qué?

CARMELA.—*(Su voz.)* Mamá...

DIONISIO.—*(Se levanta riendo.)* [¡Hermosísimo!] Pareces un cura: ¡Pensad en los demás y olvidaos de vosotros mismos! ¿Tú crees que se le puede pedir a esa mujer hipotética que olvide su dolor si..., por ejemplo..., es tan insoportable que no puede pensar en otra cosa? *(Una voz casi infantil, parecida a la de* CARMELA, *pero más lejana y atemorizada, se oye. Ninguno de los dos hombres la percibe, pero a* ROSA *le parece oír algo.)*

CHARITO.—*(Su voz.)* ¡No, no!... ¡Eso no!...

NÉSTOR.—*(Casi colérico.)* ¡Mide tus palabras, Dionisio!

DIONISIO.—Nunca las he medido tanto.

CHARITO.—*(Su voz.)* ¡No!... ¡Dejadme!... ¡Madre!... *(Se nota que alguien le ahoga la voz.* ROSA *mira hacia la ventana y escucha, muy turbada.)*

NÉSTOR.—*(Da unos pasos hacia* DIONISIO, *cerrando los puños crispados.)* ¿Estás loco?

DIONISIO.—*(Exaltado.)* ¡Tal vez! *(Lo elude, ríe, va a la mesa y pone en marcha su casete, al tiempo que se la descuelga y la deja sobre la tabla. Prosigue el* Septimino.) ¿Ves? Estoy loco. Beethoven: un sordo que tampoco se casó. *(Se oye un grito de* CHARITO.)

ROSA.—¡Callad! ¿No oís?

NÉSTOR.—¿Qué te pasa?

ROSA.—¡Ha gritado una niña! *(Se levanta.)*

NÉSTOR.—¿Una niña? *(Incrédulo.)* Vamos, Rosa...

ROSA.—¡En el solar ha gritado una niña! ¡Y puede ser Carmela!

NÉSTOR.—¿Cómo va a ser Carmela, mujer? Tus oídos...

ROSA.—¡Reconozco su voz! ¡Y no le dejan llegar!

DIONISIO.—¿Seguro que has oído algo?

ROSA.—*(Iracunda.)* ¿Cómo lo tengo que decir? ¡Es mi Carmela, que ha vuelto! *(Corre a la puerta.* NÉSTOR *la sujeta.)*

NÉSTOR.—¿A dónde vas?

ROSA.—¡Suéltame! *(Se oye ahora, más clara y pronto sofocada, la voz.)*

CHARITO.—¡Socorro!... ¡Socorro!

ROSA.—¡Pide socorro! *(Forcejea por soltarse.)*

DIONISIO.—En el solar. (ROSA *se suelta y corre a la puerta.* NÉSTOR *se interpone.)*

ROSA.—¡Déjame pasar!

NÉSTOR.—¡Quieta! Tú te quedas.

ROSA.—¡No!

NÉSTOR.—¡Iré yo! *(Y la empuja con tal fuerza que le obliga a retroceder, tambaleante; abre la puerta y sale aprisa.)*

ROSA.—¡Carmela! *(Va a la puerta.)*

DIONISIO.—¡No salgas, Rosa!

ROSA.—¡Es mi hija!

[DIONISIO.—Algo hará este bastón.

NÉSTOR.—*(Su voz, lejos.)* ¡Ahora veréis, canallas!]
(ROSA *sale* [al mismo tiempo,] *seguida de* DIONISIO.)

Rosa.—*(Su voz, que se aleja.)* ¡Hija! ¡Hija mía!... ¡Carmela!... *(El* Septimino *sigue desgranando sus compases en la escena sola. Fulgura el azul del ventano y toda la estancia parece saturarse de su brillo. El farol se enciende despacio en la oscuridad de la calle. Bajo él, inmóvil, la* Dama.*)*

TELÓN

PARTE SEGUNDA

(Bajo el farol encendido, inmóvil, sigue la
DAMA. *El* Septimino *está sonando en la habi-*
tación vacía. Noche cerrada tras el ventano.)

DAMA.—Anoche me detuve un momento bajo aquel
reverbero. Su débil luz era la misma. Los viejos faroles
paran el tiempo... Me paré yo. La calle estaba solitaria
y me recordó los años en que aún sonaba en ella la
música del cojo. Aquella noche debió de ser el principio de una gran decepción: la invasora sustitución del
jardín fantástico por un cielo negro. Anhelante de una
reaparición prodigiosa, creyó ella por unos instantes
que, pasado aquel trance, la vería crecer y trocarse con
los años en una mujer serena y dueña de sí, quizá no
muy distinta de la que yo soy ahora. Pero no fue a su
hija a quien encontraron en el solar, sino a aquella otra
niña, ignorante y alocada, a quien recuerdo sin desprecio y sin amor. *(Con sus últimas palabras se oyeron
voces confusas; reaparecen por la puerta abierta* ROSA,
NÉSTOR *y* DIONISIO. *Vienen sosteniendo a* CHARITO, *que,
entre los desgarrones de su ropa mal abrochada, muestra la
albura de su cuerpo núbil. La* DAMA *se vuelve y mira
melancólicamente a la muchacha.)*

NÉSTOR.–Cierra, Dionisio. (DIONISIO *se apresura a hacerlo.*)

ROSA.–*(Lleva a* CHARITO *al sofá.)* Siéntate aquí, hija. (NÉSTOR *cruza y apaga el magnetófono.* ROSA *se sienta junto a* CHARITO *y procura calmarla.)*

DIONISIO.–*(A* NÉSTOR.) ¿Los has visto?

NÉSTOR.–Sí. Pero [han echado a correr y] no he podido alcanzarlos.

[DIONISIO.–¿Los has reconocido?

NÉSTOR.–No.] *(A la muchacha.)* ¿Tú sabes quiénes eran, Charito?

CHARITO.–No... *(Sollozando, se echa en brazos de* ROSA.)

DIONISIO.–*(Se acerca a la mesa y baja la voz.)* ¿Tú crees que... se han salido con la suya?

NÉSTOR.–*(Baja la voz.)* Sin la menor duda. Tenía encima a uno de ellos. [Quizá fuera sólo el primero.] DIONISIO.–*(Se sienta, tembloroso.)* ¡Cerdos!

ROSA.–*(A quien han alarmado las palabras de su marido.)* ¿Has dicho... que se han salido con la suya? (NÉSTOR *asiente, sombrío.* ROSA *incorpora a* CHARITO *y se enfrenta con sus ojos.)* ¡Dime la verdad, Charito! ¿Han llegado a abusar de ti?

CHARITO.–*(Gimiendo.)* Sí. Uno... (ROSA *se levanta y tira de ella.)*

ROSA.–Tienes que lavarte ahora mismo.

CHARITO.–¿Qué?

ROSA.–¡Cuánto antes! *(La levanta con energía.)* ¡Vamos! *(La conduce hacia la derecha.)*

NÉSTOR.–Rosa, ¿no convendría llevarla primero a la Casa de Socorro? Habrá que denunciarlo, y deben comprobar lo ocurrido y curarla.

CHARITO.–*(Inquieta.)* ¿Denunciarlo?

NÉSTOR.–Tus padres deben hacerlo.

CHARITO.–¡Yo no quiero!

NÉSTOR.—¡Es un deber! Y tú no tienes culpa de nada, [no debes avergonzarte.] ¿Sabes que en la manifestación irán dos chicas violadas? ¡Hay que tener el valor de proclamar lo que os han hecho y exigir el castigo [de esas alimañas!]

ROSA.—[Si hay que comprobar algo, en la Casa de Socorro lo comprobarán de todos modos.] Ahora lo que urge es lo que urge. No querrás que la chica se quede en estado...

NÉSTOR.—¡Claro que no!

ROSA.—*(A* CHARITO.) [Pues] vamos. *(La lleva al pasillo.)*

CHARITO.—*(Antes de salir.)* Lo haré yo sola...

ROSA.—Eres muy niña todavía y yo sé de estas cosas más que tú. *(Salen por el pasillo. Una pausa.* NÉSTOR *enciende un cigarrillo y pasea.)*

DIONISIO.—*(Para sí.)* El caimán.

NÉSTOR.—*(Se detiene.)* ¿Qué farfullas?

DIONISIO.—Estamos dentro de él y no hay quien nos salve.

NÉSTOR.—*(Agrio.)* ¿No? *(Se acerca.)* ¿Ni siquiera la mujer casi imposible que redime de su complejo a un lisiado? (DIONISIO *lo mira aviesamente.)* Claro que, para lograrlo, hay que simular que se cree en el retorno de su hijita desaparecida. [¡Fingir que te tragas ese cuento de hadas... para ganarte a una mujer perfectamente posible, como cualquiera otra!]

DIONISIO.—*(Se levanta, acalorado.)* ¡Ni entiendes a Rosa, ni me entiendes a mí!

NÉSTOR.—¡No grites! Respeta la situación de esa pobre chica. Y ve a la manifestación si te atreves, a dar la cara por ella y por todos, en vez de aguardar pasivamente la llegada de ese imposible que te inventas. Aunque no tan pasivamente... [(DIONISIO *desvía la vista.*

NÉSTOR *lo sacude por un brazo.)* ¡Espero que recapacites y te des cuenta de lo que maquinas!

DIONISIO.—Yo no maquino nada.

NÉSTOR.—Farsante.] *(Se miran con rencor. Suena el timbre.* NÉSTOR *mira a la puerta, a* DIONISIO, *y va a espiar por la mirilla. Con un consternado resuello abre y deja pasar a* RUFINA, *cerrando tras ella.)*

RUFINA.—Perdonen... Es que no encuentro a Charito en casa, y tampoco está en el ensayo. Conque le he dejado el crío a mi vecina y me he venido a ver si estaba con ustedes. Pero ya veo que no está. [Ustedes disimulen.] ¡Es que no vive una, con estas chicas tan corretonas y tan bailonas! [¡La voy a deslomar, por desobediente!...] Bueno, pues a mandar y que tengan buenas noches. *(Va a abrir la puerta.)*

NÉSTOR.—Un momento, Rufina. Charito...

RUFINA.—¿Sabe dónde ha ido?

NÉSTOR.—Está ahí dentro, con Rosa. Pensábamos llevársela a ustedes ahora y hablar con su marido.

RUFINA.—¿Es que ha hecho algo?

DIONISIO.—Es que... le ha pasado algo.

NÉSTOR.—¡No se asuste! Ella está bien. Pero tenemos que darle una malísima noticia. *(Afectuoso, va a su lado y la toma de un brazo.)*

RUFINA.—¡Ay, Dios mío!

NÉSTOR.—*(Conduciéndola a la mesa.)* Por favor, siéntese.

RUFINA.—¿Qué le ha pasado? (NÉSTOR *la sienta.)*

DIONISIO.—Ya sabe usted cómo están estas calles...

[RUFINA.—¿Le han robado el bolso?

NÉSTOR.—Algo más que el bolso.]

RUFINA.—¡Ay, Dios mío!

DIONISIO.—Dos maleantes la han llevado al solar...

RUFINA.—*(Se levanta.)* ¡No!

NÉSTOR.—Y se han propasado. (RUFINA *se deja caer*

en la silla. Se lleva los puños a los cabellos y lanza un sordo gemido. Una y otra vez, se golpea la frente con el puño.)

RUFINA.—*(Murmura.)* Es mejor morirse... Morirse.

NÉSTOR.—Rufina, tenga valor. [La niña necesita ahora de su amparo y su consuelo.]

RUFINA.—*(Murmura.)* Le tenía que pasar esto... Por loca y por paseanta...

NÉSTOR.—Pero es su hija, y usted debe ayudarla...

RUFINA.—Y a mí, ¿quién me ayuda? A mí ya no me quedan fuerzas para nada.

NÉSTOR.—¿Ni para denunciar el hecho?

RUFINA.—¿Hay que denunciarlo?

NÉSTOR.—Para que castiguen a esos canallas. Para que nunca más puedan asaltar a otras chicas.

RUFINA.—¡Eso! ¡Nunca más! ¡Que los capen! ¡Con estas manos lo haría yo si los tuviese aquí!

[NÉSTOR.—Es la ley quien los castigará. ¿Lo denunciarán ustedes?

DIONISIO.—¿Y la vergüenza de la muchacha, Néstor? Ya le has oído que no quería...

NÉSTOR.—Se va a saber de todos modos. Es preferible que vaya con la cabeza alta, ya que es inocente.

RUFINA.—¡Sí, sí! ¡Hay que denunciarlos y que los capen!

NÉSTOR.—Eso no puede hacerse, Rufina. Pero a la cárcel sí pueden ir.

RUFINA.—*(Se levanta.)* ¡Pues a la cárcel! ¡Dígale a mi Charito que salga!

DIONISIO.—*(Que, de un lado a otro, se encuentra ahora junto al pasillo.)* Ya vienen.] *(Entran* ROSA *y* CHARITO. *La muchacha ha compuesto en lo posible sus ropas. Nada más ver a su madre, se sobresalta.)*

RUFINA.—*(Corre a abrazarla llorando.)* ¡Hija! ¡Qué te han hecho! ¿Lo ves? ¿Ves como tu madre tenía razón? ¿Ves como no se puede andar tan suelta?...

Rosa.—*(Con reproche.)* ¿Se lo habéis dicho?

Néstor.—Sí.

Rosa.—*(Contrariada.)* Mal hecho. [No ha sido más que el susto.] No les dio tiempo, Rufina. A su hija no le ha pasado nada.

Néstor.—¿Cómo?

Rosa.—*(Fuerte.)* ¡No le pasa nada! ¡No le han hecho nada!

Rufina.—¡Ay, qué alegría! ¿Es verdad, hija?

Charito.—*(Con la vista baja.)* Sí.

Rufina.—*(A* Néstor.*)* ¡Pues bueno es usted para dar noticias!

Néstor.—¡Si yo lo vi!

Rosa.—Creíste verlo.

Néstor.—Rosa, ¿qué juego es éste?

Rosa.—*(Con firmeza.)* Ninguno. ¡Sólo ha sido el susto!

Rufina.—*(De muy mal talante.)* Bueno, pues que ustedes se alivien. *(A* Néstor.*)* Y a usted, que le pongan gafas. Gracias de todos modos. ¡Vámonos, Charito!

Charito.—Sí. Vámonos a casa.

Rufina.—¡A casa de Eulogia la comadrona! Yo no me fío. *(Tira de la muchacha.)*

Charito.—*(Se zafa.)* ¡No!

Rosa.—No hace falta, Rufina... Charito está sin daño.

Rufina.—Eso ya lo veremos. *(Intenta agarrarle el brazo y* Charito *la elude.)*

Charito.—¡Si no me han hecho nada!

Néstor.—Pero ¡si yo lo he visto!

Charito.—¡Usted no ha visto nada!

Néstor.—Lo he visto perfectamente. Y tu madre, tarde o temprano, lo sabrá...

Rufina.—Pero ¿qué pasa aquí? ¿A qué viene tanto tapujo y tanto rollo? ¡A mí hay que decirme la verdad!

NÉSTOR.—[Tiene usted razón.] Y a esos cabrones hay que denunciarlos.

CHARITO.—¡No quiero [que los denuncien!]

RUFINA.—¡Si te han desgraciado, hay que denunciarlos! ¿Te han desgraciado?... ¡Contesta a tu madre!

ROSA.—Por favor, hágame caso...

NÉSTOR.—¡Pero, Rosa...!

ROSA.—*(Se aparta, insegura.)* Es mejor no denunciar.

[RUFINA.—¡Contesta! (CHARITO *no responde.)*

NÉSTOR.—*(A* ROSA.) ¿Ahora dices eso?

ROSA.—]Puesto que no ha pasado nada...

RUFINA.—*(Se encara con* ROSA.) Usted está mintiendo.

ROSA.—*(Sin mirarla.)* No, Rufina...

RUFINA.—La Eulogia me dirá la verdad. ¡Ve por delante, Charito!

CHARITO.—No, mamá... *(Se separa de ella, muy alterada.* RUFINA *la mira con ojos espantados. De repente se tapa la cara con las manos y prorrumpe en sollozos.* ROSA *y la muchacha se miran.* CHARITO *corre a la puerta de la calle.)* Dígaselo usted, Rosa. No quiero que me vea la comadrona. *(Abre la puerta.)*

RUFINA.—*(Descubre sus ojos enrojecidos.)* ¿A dónde vas?

CHARITO.—¡A casa! *(Sale y cierra con ímpetu.)*

RUFINA.—*(Da unos pasos hacia la puerta.)* ¡Charito!

ROSA.—Oígame, Rufina...

RUFINA.—¿Más mentiras?

ROSA.—Tiene que hacerse cargo... Las chicas de ahora no son como nosotras. ¿No se sienta?

RUFINA.—Estoy bien así.

ROSA.—*(Sentándose ella junto a la mesa.)* [Por favor, siéntese.] (DIONISIO *va al sofá y se sienta.)* [Y tú, Néstor...

NÉSTOR.—*(Frío.)* Yo también estoy mejor de pie.

Rufina.—]¡Hable de una vez!

Rosa.—Por desgracia, es verdad. Han abusado de su hija.

Rufina.—*(Murmura.)* Dios mío.

Rosa.—*(A* Néstor.) Cuando la he ayudado a lavarse ha tenido que confesármelo. No había ninguna mancha, ningún rastro de lo que acababa de pasarle.

Rufina.—¡No entiendo nada!

Rosa.—Charito no era virgen. *(Sorpresa de todos.)*

Rufina.—¡A ver si me aclaro! ¿Dice usted que ésta no era la primera vez?

Rosa.—No. No lo era.

Rufina.—*(Contiene su rabia.)* ¿Y con quién se ha acostado mi hija?

Rosa.—No me lo ha dicho. *(Un silencio. Sin mirar a nadie,* Rufina *gira despacio hacia la puerta.)* Trátela con dulzura, Rufina. Sólo es una chiquilla y necesita su cariño.

Rufina.—*(La mira con rencor.)* El cuello pongo a que ha sido en el teatrito de usted.

Rosa.—¡Se equivoca!

Rufina.—Y usted, como aquí: de encubridora. Entretanto, yo pido por las calles.

Rosa.—*(Suspira.)* Comprendo su disgusto y le perdono esas palabras.

Néstor.—Y usted comprenda, Rufina, que esas cosas ya no tienen hoy tanta importancia entre los muchachos...

Rufina.—Y para ustedes tampoco, ya lo veo. Una casa de putas; eso es su teatrito. *(Abre la puerta con brusquedad y sale, dando un tremendo portazo. Corto silencio.* Néstor *suspira y se acerca a la mesa.)*

Néstor.—¿Sabes quién es él?

Rosa.—No. (Néstor *se sienta cerca de ella. El silencio*

vuelve a caer sobre los tres. La luz del interior se amortigua un tanto.)

DAMA.—De regreso a su casa, la niña pasó bajo el farol. (CHARITO *entra por el lateral izquierdo y avanza, compungida, hacia la derecha.)* Recordándola anoche bajo la luz sin tiempo que fui a buscar, sentí una irónica piedad. Y me imaginé mayor, como ahora soy, viéndola venir hacia mí... (CHARITO *ha llegado bajo el farol. Se detiene un momento sin ver a la* DAMA, *que la mira.)* Y regalándole mi imposible compañía. *(Rodea los hombros de* CHARITO *con sus brazos.)* Flaquezas de la mente que, por un segundo, me impidieron discernir si ella era una imagen del ayer o yo un espectro absurdo junto al paso real de la muchacha. *(Han comenzado a caminar las dos.)* Y la acompañé, o me acompañó ella a mí, en la noche sin tiempo. *(Desaparecen por el lateral derecho. La luz se reaviva en la casa; el primer término se oscurece y sólo el farol mantiene, en la penumbra, su débil resplandor.)*

NÉSTOR.—[*(Reflexiona.)* Violada y sangrando es una víctima; si lo hizo por su gusto es una puta que ya se habrá revolcado sabe Dios con cuántos... A muchos jóvenes no les importará, porque no ven nada malo en esas expansiones; pero otros aún tienen nieblas en la cabeza. Como Charito misma... ¡Cuánto disparate todavía!] *(Se levanta, disgustado, y pasea.)* ¡Qué difícil es todo! ¿Verdad, Rosa? *(Se acerca a su mujer.)* Pero no hay que desanimarse. *(Le pone una mano en el hombro.)* Hay que seguir.

ROSA.—*(Voz velada.)* Sí.

DIONISIO.—*(Seco.)* Sospecho que vas a intentar convencer a esa criatura de que se exhiba en la manifestación.

NÉSTOR.—*(Se vuelve hacia él.)* Y de que no abandone los ensayos.

DIONISIO.—Los padres no querrán ni una cosa ni otra.

NÉSTOR.—También hablaré con ellos.

DIONISIO.—Por supuesto. Tan terco en tus planes como siempre. *(Se levanta con trabajo.)* Pero si logras que esa niña de catorce años figure entre las manifestantes asaltadas, la destrozarás. *(Va a la mesa, mientras rebusca en su bolsillo. En la mesa, cambia con ademán aburrido la casete del magnetófono por otra y se pone el aparato en bandolera.)* Para el camino...

NÉSTOR.—Es ahora cuando está destrozada.

DIONISIO.—Le causarás un trauma insuperable. [Claro que tú sabes poco de traumas...] ¿No opinas tú, Rosa, que Charito no debe manifestarse?

ROSA.—No sé... Ella es muy tierna todavía... Cualquier cosa puede hacerle daño.

DIONISIO.—*(Echa a andar hacia la puerta.)* Me voy. Píensalo, Néstor. (NÉSTOR *mira a los dos con una aprensión que no quisiera confesarse. Bruscamente les vuelve la espalda y se apoya, respirando fuerte, en el aparador.)*

ROSA.—Lo pensará. Cena con nosotros, Dionisio. Es ya tarde. (DIONISIO *se detiene. Una leve contracción en la espalda de* NÉSTOR *acusa la invitación.)*

DIONISIO.—*(Vacila.)* Mejor será que os deje solos. (NÉSTOR *se ha fijado en la carta dejada en el aparador. La toma y se vuelve hacia ellos.)*

NÉSTOR.—¿Qué carta es ésta?

ROSA.—*(Lo mira.)* ¿Eh?... ¡Ah, sí! Ya no me acordaba. La han traído esta tarde de un juzgado.

NÉSTOR.—*(Mirando el sobre.)* Sí. Ya lo veo.

ROSA.—Algún problema sindical, supongo. (NÉSTOR *abre la carta y lee. Su rostro se demuda.)* ¿No?... ¿Qué te pasa? Te has quedado blanco...

NÉSTOR.—*(Con dificultad.)* No... te preocupes...

ROSA.—*(Se levanta.)* ¿Cómo no me voy a preocupar? Te tiemblan las manos... (NÉSTOR *rehúye su mirada. Ella alarga el brazo.)* ¡Dámela!

NÉSTOR.—Es una cita del juez para... examinar mañana un cuerpo.

ROSA.—*(Despavorida.)* ¿Un cuerpo?

NÉSTOR.—Dice que basta con uno de los dos. *(Se deja arrebatar el oficio, que* ROSA *lee sobrecogida. Ella da unos pasos hacia el frente y relee, con la respiración agitada, la comunicación.)* Sólo es una formalidad [ineludible...] Ya comprenderás que, después de dos años, no habrá manera de reconocer... a nadie. Porque serán restos muy antiguos; si no, no nos habrían llamado.

ROSA.—¡No es ella!

NÉSTOR.—Por lo menos, será imposible saberlo. [Un trámite enojoso... que yo cumpliré por los dos.]

ROSA.—*(Lo mira.)* Yo iré contigo.

NÉSTOR.—¿Para qué vas a pasar ese mal trago?

ROSA.—¡Iremos los dos!

DIONISIO.—*(Se acerca a* ROSA.) Rosa, con que vaya Néstor es suficiente. Sería muy desagradable para ti y el cuerpo será inidentificable. No puede ser el de ella.

ROSA.—Néstor cree que es el de ella.

NÉSTOR.—¿Yo?

ROSA.—¡Tú no reconocerás a tu hija en ese cuerpo!

NÉSTOR.—¡Claro que no! Supongo que será imposible.

ROSA.—¡Supones! O sea, que cualquier indicio te inclinará a dudar. Porque tú quieres darla por muerta.

NÉSTOR.—¿Estás loca?

ROSA.—¡Eso es lo que tú crees, que estoy loca! *(Le aferra los brazos y le zarandea.)* ¡Tú quieres sacarme de la locura de creerla viva! ¡Pero no lo conseguirás!

NÉSTOR.—¡Rosa, cálmate!

ROSA.—*(Sardónica.)* ¡Tú, pobre loco de la sensatez, la verás antes de lo que crees! ¡Su cuerpo no se ha encontrado, ése no es el suyo! ¡Ella está viva! ¡Está viva! *(Golpea el pecho de su marido.* DIONISIO *tira de* ROSA

para separarla de NÉSTOR, *hasta que lo consigue.)* ¡Viva!
(ROSA *se suelta de* DIONISIO.) Viva. Y yo estaré allí para
impedir que me la mates.

> *(Pasmado por sus palabras,* DIONISIO *se
> acerca a la puerta y allí pone en marcha su
> aparato. Se oye el* Ballet *en sol mayor de*
> Rosamunda. *Desconcertados, los esposos lo
> miran.* DIONISIO *los mira de soslayo, abre y
> sale. Con los ojos fijos en la puerta,* ROSA *y*
> NÉSTOR *ven cómo se va cerrando lentamente
> mientras se adueña de la escena una densa
> oscuridad. La música se aleja, y, mientras
> vuelve la luz lentamente, se columbran en el
> primer término vagas presencias que no tardan
> en precisarse bajo una viva claridad. El fondo
> sigue oscuro. En el centro del proscenio hay
> una camilla de metal con ruedas sobre la que
> reposa un cuerpo infantil de escaso relieve,
> recubierto por una gran sábana. A su
> izquierda, de pie e impasible, un* MOZO *de
> bata blanca. Cerca de él, un* FUNCIONARIO *de
> paisano, ya viejo y de frío semblante.* ROSA *y*
> NÉSTOR *entran por la derecha y se detienen,
> amedrentados.)*

FUNCIONARIO.—Su presencia no es necesaria, señora.
Si quiere, puede retirarse.
NÉSTOR.—Estás a tiempo.
ROSA.—Me quedo.
FUNCIONARIO.—Lo que va a ver no es agradable...
Son los restos de una niña de unos nueve años que
podría ser la hija de ustedes. Pero han permanecido
mucho tiempo en aguas subterráneas y están muy con-
sumidos.

NÉSTOR.—¿Dónde los han encontrado?

FUNCIONARIO.—En un recodo estrecho, cerca de un desagüe, donde quedaron enganchados hasta ahora.

NÉSTOR.—¿Estarían allí cuando se exploraron las alcantarillas?

FUNCIONARIO.—No lo sabemos. Pero ustedes no deben sacar ninguna deducción. Deben solamente decir si alguna particularidad les permite, o no, reconocer en ese cuerpo el de su hija. Les adelanto que es difícil... Apenas quedan vestigios de ropa... ni casi de partes blandas. (ROSA *respira con dificultad.*)

NÉSTOR.—Rosa, no mires tú.

ROSA.—*(Se sobrepone.)* Sí.

FUNCIONARIO.—Lo siento por usted, señora. ¿Están dispuestos?

ROSA.—Sí, señor.

FUNCIONARIO.—Acérquense aquí, por favor. *(Les indica el sitio. ROSA y NÉSTOR se sitúan tras la camilla. NÉSTOR oprime la mano de su mujer, pero ella se suelta. El FUNCIONARIO hace una seña al MOZO y éste se coloca ante la camilla.)* Descubra hasta los pies. En la cabeza poco puede verse ya. *(El MOZO destapa y mantiene la sábana extendida en sus manos. No se ve el cuerpo. El matrimonio lo está mirando con ojos desorbitados.)* Debo rogarles que se fijen en esos jirones de tela. Quizá noten algo del estampado... Observen también ese zapatito, muy corroído, pero casi entero. *(Unos segundos tensísimos. De pronto ROSA abre sus brazos y, echando atrás la cabeza, lanza un prolongado alarido, y aun otro, de fiera en agonía. Sin dejar de mirar a la camilla, NÉSTOR la sostiene.)*

NÉSTOR.—¡Rosa, por favor!

FUNCIONARIO.—*(Al MOZO.)* Tape ya. *(El MOZO tapa el cuerpo con la sábana y vuelve a su anterior lugar.)* La señora no debió venir. *(Temblando, ROSA gime sorda-*

mente. No menos afectado, su marido le aprieta ambas manos.) Deploro tener que preguntarlo, señora. ¿La ha reconocido? (ROSA *lo mira y no contesta.)* ¿Desea tomar asiento? *(Al* MOZO, *bajando la voz.)* Traiga un vaso de agua.

ROSA.—No hace falta. Gracias.

FUNCIONARIO.—*(Al* MOZO.) Retire la camilla. *(El* MOZO *la empuja y sale con ella por la derecha del primer término.)* ¿La ha reconocido por algún indicio, señora?

ROSA.—*(Después de un momento.)* No.

FUNCIONARIO.—*(Con leve asombro.)* ¿No?

ROSA.—¡No!

FUNCIONARIO.—*(A* NÉSTOR.) ¿Y usted? (ROSA *lo mira.)*

NÉSTOR.—*(Titubea.)* No puedo asegurar que sea ella. Sin embargo, la hebilla de ese zapatito...

ROSA.—No es el de ella. [Las hebillas eran mayores.]

NÉSTOR.—Digo sólo que se parecía a los que ella llevaba..., si no los recuerdo mal.

ROSA.—Hay muchos zapatos parecidos. Pero las hebillas eran mayores. Ese cuerpo no puede ser el de nuestra hija.

NÉSTOR.—¿Estás segura de que las hebillas eran mayores?

ROSA.—Me acuerdo muy bien. Se las abroché muchas veces. No es nuestra hija.

FUNCIONARIO.—Por consiguiente, ¿ninguno de los dos la identifica?

ROSA.—Ninguno. (NÉSTOR *baja la cabeza.)*

FUNCIONARIO.—[Lo suponía, pero...] *(Suspira. Abre las manos en un ademán fatalista.)* Bien. Se les pasará el acta. Perdonen y buenos días. *(Se va por la derecha. La luz se concentra en la pareja. Oscuridad alrededor. Los dos miran al frente.)*

NÉSTOR.—*(La toma del brazo.)* ¿Vamos? *(Miman los*

dos su caminar hacia delante. Empiezan a oírse ruidos
callejeros: coches, bocinas, confusa gritería, risas de chi-
quillos que estremecen a ROSA.)

CARMELA.—*(Su voz.)* Mamá, estoy en el jardín... No
estoy muerta. Es un jardín con circos y estanques... Un
secreto muy grande. *(Sigue la greguería callejera.* ROSA
se detiene.)

NÉSTOR.—¿Estás cansada? *(Ella deniega.)*

ROSA.—Esa niña...

NÉSTOR.—¿Cuál?

ROSA.—La de la carterita.

CARMELA.—*(Su voz.)* Estoy en el jardín...

NÉSTOR.—¿Qué le pasa?

CARMELA.—*(Su voz.)* Hay rayos de luz...

ROSA.—*(Con frialdad.)* Nada.

NÉSTOR.—Estás agotada. Vamos al metro. *(Siguen*
andando. Los ruidos urbanos se amortiguan hasta cesar,
mientras un foco crece rápidamente e ilumina a una figura
bajo el farol apagado. Es RUFINA, *sentada en el suelo, con*
su niño en brazos y el letrero extendido ante ella con un
platillo encima. ROSA *y* NÉSTOR *la ven; ella no los*
advierte, pues mantiene la cabeza gacha. NÉSTOR *va a*
acercarse. ROSA *lo retiene.)* Hay que saludarla. No vaya
a creer que nos avergonzamos de ella. (ROSA *va tras él*
de mala gana.) Buenos días, Rufina.

RUFINA.—*(Los mira y vuelve a inclinar la cabeza.)*
Buenos días.

NÉSTOR.—¡Qué casualidad! ¿Verdad?

RUFINA.—Alguna vez tenían que verme.

NÉSTOR.—¿Es buen sitio?

RUFINA.—¿Y qué más le da, si no quería que viniese?

NÉSTOR.—No crea que por eso no deseo que le vaya
lo mejor posible.

RUFINA.—Pues me va mal. Pero mi familia comerá
gracias a mí. ¿Qué más quiere saber?

Rosa.—Vámonos.

Néstor.—Espera. Yo querría saber, Rufina, si Charito puede seguir yendo a los ensayos.

Rufina.—Que haga lo que quiera. Remedio ya no tiene. [Pero al otro crío me lo va a cuidar.]

Néstor.—Gracias. ¿Le contó a su marido lo ocurrido anoche?

Rufina.—Nos vio las caras y hubo que decírselo.

Néstor.—¿Lo denunciarán? *(Corta pausa.)* Si lo prefieren, puedo hacerlo yo.

Rufina.—De eso, nada. A mi chica la deshonraron ya antes y no vamos a denunciar para que se nos rían en la cara. [La niña tampoco quiere y hace bien.] *(Torva.)* A quienes habría que denunciar es a ustedes y a su teatro.

[Néstor.—Por favor, no se obceque. Mi mujer no tiene culpa de nada.

Rufina.—¿Que no? Ahí es donde todo se ha cocido y donde las chicas pierden la vergüenza y las bragas.] Dé usted gracias, Rosa, a que tiene la hija muerta y ya no puede meterla en ese relajo.

Rosa.—*(Le tiembla la voz.)* ¿Cómo sabe que está muerta?

Rufina.—¡Ja! Vamos, señora, deje ya de engañarse.

Rosa.—¡No se ha encontrado el cuerpo!

Néstor.—Rosa, por favor...

Rufina.—Tan muerta como mi abuela.

Rosa.—¡Usted no tiene derecho a afirmar eso!

Néstor.—Rosa, no es seguro que no se le haya encontrado...

Rosa.—¿Qué dices?

Néstor.—No sabemos si...

Rosa.—¡Cállate! [*(Por* Rufina.*)* No quiero chismorreos.]

Rufina.—[¡Yo no soy ninguna chismosa! Y téngame más consideración, porque] mi desgracia es mucho mayor que la suya. [A mí nadie se me ha muerto aún, pero no hay comparanza.] Ustedes son los «Profesores» y no saben lo que es pasarlo mal. (ROSA y NÉSTOR *se miran, cariacontecidos.*)

NÉSTOR.–¡Parece mentira que diga eso! Sabe lo mal que nos ha ido, sabe que les ayudamos todo lo que podemos... Y anoche mismo salvamos a su hija.

RUFINA.–¿De qué, si ya estaba perdida?... Y robada.

NÉSTOR.–¿Cómo, robada?

RUFINA.–Por su señora, con su teatrito y sus parlas. Talmente parece más hija de ella que mía. ¡Pues quédese con ella! A mí, ya...

ROSA.–¡Nadie quiere quedarse con ella!

RUFINA.–¡Me están espantando al personal! ¡Déjenme tranquila!

NÉSTOR.–[Perdone, Rufina.] Vámonos, Rosa. *(la toma del brazo y se apartan.* ROSA *desfallece.* NÉSTOR *la sujeta.)*

ROSA.–No tiene derecho... a decir lo que ha dicho. No tiene derecho... [a herirme. *(Suena en el platillo de* RUFINA *la moneda de un invisible transeúnte. El matrimonio se vuelve a mirarla.)*

RUFINA.–Gracias, señor.]

NÉSTOR.–Hay que disculparla. Es muy desgraciada.

ROSA.–No más que yo. Vamos. *(Salen por la derecha. La luz vuelve a dar relieve a la* DAMA, *sentada en la tarima a la izquierda.)*

DAMA.–Ni menos. Nadie puede medir la desgracia de otro. *(Se levanta y, sin tomar su aparatito, baja de la tarima y echa a andar hacia la derecha.)* Si aquella mujer de la mano suplicante, tan torpe y tosca, padecía más o menos que la «Profesora», nadie puede saberlo. *(Ha llegado cerca de* RUFINA. *Mira hacia la izquierda.)* Después de la visita al depósito, Rosa afrontó su dolor como pudo. Si antes prefería estar en su casa, por si sonaba la llamada que creía esperar, los días siguientes salía, y salía, para buscar sola entre la multitud una silueta inconfundible y siempre confundida. Y así se fue acercando, empujada por el más implacable poder, a la tarde y la noche decisivas. *(Con aire furtivo,* CHARITO *entra por la izquierda. Un foco la ilumina. De un extremo al otro, la* DAMA *y ella se miran. La* DAMA *se vuelve luego despacio hacia* RUFINA, *que no se ha movido.)* Como un farol sin edad, mi libro quisiera también burlar al tiempo. Ya no puedo ayudar a aquella madre sino con estas cuartillas. Es decir: ya no puedo ayudarla. *(Recoge el platillo y el letrero. Ayuda a* RUFINA *a levantarse y la toma del brazo.* RUFINA *se deja hacer sin mirarla.)* No puedo decirle: Ya no tienes que mendigar. Pasó lo peor. Descansa... *(Se la lleva con estas palabras por la derecha. La tarima y sus muebles desaparecen al mismo tiempo. La calle se ilumina plenamente.* CHARITO *aguarda, nerviosa. Con aire ausente, entra por la derecha* ROSA *y cruza.* CHARITO *da un paso hacia ella.)*

CHARITO.—Rosa... (ROSA *se detiene y la mira con indiferencia. La muchacha se acerca más.)* Estos días no ha venido usted a los ensayos...

ROSA.—*(Débil.)* Vosotros sí habréis ensayado...

CHARITO.—Sí. Pero [no es lo mismo.] Sin usted, los chicos gastan bromas en vez de trabajar, o no saben cómo hacerlo.

ROSA.—Ya volveré. Vosotros seguid trabajando. *(Va a irse.)*

CHARITO.—*(Vehemente.)* ¡Por favor, no se vaya! [Yo..., como no estaba usted en su casa, la he estado esperando...

ROSA.—*(Con desgana.)* Seguid trabajando. *(Inicia la marcha.)*

CHARITO.—¡Es que] necesito hablar con usted!

ROSA.—*(Vuelve a detenerse.)* ¿De los ensayos?

CHARITO.—*(Baja los ojos.)* De lo que me ha pasado. Con mis padres no puedo hablar, y de esto, menos. Usted puede aconsejarme... *(Se acerca, con los ojos húmedos.)* Usted es más madre para mí que la mía.

ROSA.—*(Retrocede un paso.)* ¡No!

[CHARITO.—¡Es la verdad!

ROSA.—*(Deniega y deniega.)*] Yo no he querido robarte para mí. Yo sólo tengo una hija y no eres tú.

CHARITO.—Pero mi madre no puede entender lo que me pasa y usted sí. Usted siempre nos ha entendido.

ROSA.—*(Distante.)* Nadie entiende a nadie. *(Empieza a oírse en el lejano magnetófono de* DIONISIO *el* Estudio, opus 10, número 3, *de Chopin.)* Lo siento, Charito. No me encuentro bien y no puedo pensar ahora en tus cosas. Perdóname. *(Da unos pasos. La música se está acercando.)*

CHARITO.—Por favor, escúcheme...

ROSA.—*(Se le desatan los nervios.)* ¡Te lo ruego, déjame ahora! *(Inmutada,* CHARITO *huye por la derecha.* ROSA *reanuda su marcha, pero la aminora hasta detenerse, mientras mira a la izquierda. La música y los golpes de un bastón se aproximan a la vez.* DIONISIO *entra por la izquierda y se detiene.)*

DIONISIO.—Vine antes y nadie abría.

ROSA.—Néstor está en su trabajo. Yo he paseado un poco.

DIONISIO.—Como todos estos días...

ROSA.—Sí.

DIONISIO.—Desde que fuisteis al depósito.

ROSA.—Dionisio, estoy muy cansada. Si no te importa...

DIONISIO.—[¿No me invitas a tu casa?] *(Una pausa.)* No te molestaré. Ni te hablaré si no quieres. Yo también estoy fatigado. *(Ella lo mira, turbada. El primer término se oscurece y en la vivienda crece la luz.* ROSA *y*

DIONISIO, *negras siluetas, recobran colores y relieves al pasar directamente al interior. Ya dentro, ella enciende la lámpara y se sienta, suspirante, en el sofá.*) Duerme si te apetece. La música puede ayudarte. La bajaré un poco. (*Lo hace y deja el aparato sobre la mesa. Ella cierra los ojos. Una pausa. Él se sienta y habla quedo.*) Velaré tu sueño. (*Pausa.*)

ROSA.—(*Sin abrir los ojos.*) No estoy dormida.

DIONISIO.—Pero no quieres hablar. (*Otra larga pausa.*)

ROSA.—(*Sin moverse.*) Tú sí quieres hablar. Todos estos días has intentado saber si reconocimos aquel cuerpo.

DIONISIO.—Néstor me dijo ya que era irreconocible.

ROSA.—(*Después de un momento.*) No era ella. (*De repente se levanta y pasea, nerviosa.*) ¡Y por eso salgo a buscarla!

DIONISIO.—¿Por las calles?

ROSA.—¿Dónde, si no? Yo tengo que encontrarla. (DIONISIO *apaga el aparato.*)

DIONISIO.—Quizá no por las calles. Si tu hija pasease libremente habría vuelto aquí.

[ROSA.—(*Se acerca despacio.*) ¿Y si no quiere? O si ha perdido la memoria...

DIONISIO.—No es muy probable.]

ROSA.—(*Se sienta a su lado.*) Entonces, ¿dónde puede estar?

DIONISIO.—Acaso lejos.

ROSA.—(*Suspicaz.*) ¿Crees tú de verdad que vive en algún lugar lejano?

DIONISIO.—(*Le pone una mano sobre el brazo.*) Rosamunda, yo creeré todo lo que tú creas.

ROSA.—(*Turbada.*) ¿Qué haces? (*Retira el brazo.*)

DIONISIO.—Perdona. Ahora me fijo en que tu reloj se ha vuelto a parar. ¿No le das cuerda?

ROSA.—No sé...

DIONISIO.—Permíteme. *(Se lo desprende de la muñeca y le da alguna cuerda. Se lo lleva a la oreja.)* No funciona.

ROSA.—*(Con triste sonrisa.)* El mejor relojero no puede arreglar un reloj moribundo.

DIONISIO.—¡Lo volveré a poner tan sano como tú! *(Se lo guarda.)*

[ROSA.—Eso es una zalamería.

DIONISIO.—No.

ROSA.—Una mentira para animarme.

DIONISIO.—No te miento.]

ROSA.—¿De veras me crees sana?

DIONISIO.—De veras. *(Ella lo mira por unos instantes, dudosa.)*

ROSA.—Te confiaré entonces un pensamiento que no se me va de la cabeza. Y tú me dirás, sin mentirme, si es un pensamiento sano.

DIONISIO.—Te escucho.

ROSA.—¿Y si Carmela, viva, no hubiese salido del subsuelo?

DIONISIO.—*(Asombrado.)* Pero eso... no puede ser...

ROSA.—¿No? *(Vacila en hablar.)* He oído que están construyendo abajo refugios secretos. Sólo para gente importante. Casi una ciudad. Si la niña hubiese ido a parar a ellos y la estuviesen reteniendo para que no lo diga...

DIONISIO.—*(Que ha negado, alarmado por la fantástica idea de* ROSA.*)* ¡No es más que un rumor, Rosa! [Es posible que también aquí estén construyendo algunos. Pero] esa ciudad subterránea que supones es inconcebible. ·

ROSA.—¿Por qué? [Cosas más inconcebibles se hacen todos los días.] (DIONISIO *no se atreve a mirarla.*) Cuando Carmela desapareció nos aseguraron que los poceros la habían buscado bien. Pero nadie hace bien lo que no le interesa, [y la prueba es... esa otra pobre

niña que no han encontrado hasta ahora.] *(Confidencial.)* Sin decírselo a Néstor, yo pedí entonces permiso
para visitar todas las cloacas de la ciudad.

DIONISIO.—*(Estupefacto.)* ¿Tú?

ROSA.—*(Con misterio.)* ¡Y no me lo dieron!... ¿No
sería porque ocultaban esas instalaciones [para que la
gente no las invada un día?] *(Él la mira, muy inquieto.)*
No lo crees. Lo que crees es que no estoy en mis ca-
bales.

DIONISIO.—*(Busca las palabras.)* No, no... Pero tu
suposición es... casi imposible.

ROSA.—*(Le brillan los ojos.)* ¿Casi imposible dices?

DIONISIO.—Sí, porque...

ROSA.—*(Le interrumpe.)* O sea, algo en lo que sí se
puede creer. Una idea quizá más verdadera que otras al
parecer más razonables. Son tus mismas palabras. [¡Y
no se me ha ocurrido a mí! Es algo que se dice.]

DIONISIO.—Aunque fuese cierto..., abajo no la
habrían tenido... La habrían llevado a algún otro
lugar... A alguna casa... de la que tal vez logre esca-
parse. Sigo pensando... que la nena llamará un día a esa
puerta. *(Pausa. Apenas se atreve a mirarla.)*

ROSA.—*(La cordura que conserva le hace dudar.)* ¿No
estaremos soñando los dos? Dime, sin engañarme, si te
parece o no una idea disparatada. *(Aguarda su respuesta,
anhelante.)*

DIONISIO.—*(Le tiembla la voz.)* Disparatada, no.
Porque los dos tenemos fe en los imposibles que se realizan.

ROSA.—*(Llorando, se echa en sus brazos.)* ¡Dionisio!
*(Él la abraza y aprieta la sollozante cabeza contra su
pecho, mientras mira al vacío con ojos perplejos y acaso
culpables. La habitación se sume rápidamente en total
oscuridad y la calle vuelve a iluminarse. Cansado y sombrío, NÉSTOR entra por la derecha y cruza para dirigirse a*

su casa. CHARITO *aparece poco después por el mismo lugar y lo mira, cavilosa. Al fin, se atreve a llamarlo.)*

CHARITO.—Néstor...

NÉSTOR.—*(Se detiene.)* Hola, Charito.

CHARITO.—¿Tiene mucha prisa?

NÉSTOR.—No. ¿Quieres algo?

CHARITO.—¿Usted sabe... que Rosa no va a la Asociación desde hace días?

NÉSTOR.—Sí. *(Se aproxima a ella.)* Es que está algo malucha...

[CHARITO.—Pues sale todos los días.

NÉSTOR.—Para tomar fuerzas.] Volverá pronto con vosotros... Hasta mañana, Charito. *(Va a irse.)*

CHARITO.—Hace un rato he querido hablar con ella. No me ha escuchado... [Está rara.]

NÉSTOR.—Ya se repondrá. *(Vuelve a acercarse.)* Pero yo sí puedo escucharte. Porque a ti te pasa algo... además de lo que te pasa. ¿Me equivoco?

CHARITO.—*(Avergonzada.)* [No.

NÉSTOR.—¡Pues adelante!

CHARITO.—]No sé qué hacer, Néstor.

NÉSTOR.—¿Te refieres a denunciar lo ocurrido? *(Ella niega, nerviosa.)* Yo creo que deberías hacerlo. [No voy a juzgar si hiciste bien o mal cuando te entregaste a un chico; eres muy niña y te dejaste llevar. Espero que, con los años, eso dejará de tener importancia para ti. Lo que sí la tiene es que unos bestias se aprovecharan de ti a la fuerza. Es la agresión a tu libertad lo intolerable.]

CHARITO.—Estos días lo he pensado mucho y, aunque me da vergüenza, creo que me atrevería a denunciarlo.

NÉSTOR.—¿A pesar de que tus padres se opongan? *(Enciende un cigarrillo.)*

CHARITO.—¡Pues me atrevería!

[NÉSTOR.—*(Inquisitivo.)* ¿Para llevarles la contraria?

Sólo por eso, tampoco merecería la pena. Al fin y al cabo, ellos, a lo largo de su vida, lo han pasado peor aún que tú.

CHARITO.—¿Peor que yo? ¡Nadie puede sufrir tanto como yo sufro ahora!

NÉSTOR.—*(Le rodea los hombros con su brazo.)* ¿Qué tontería es esa?

CHARITO.—*(Se le quiebra la voz.)* ¡Nadie!

NÉSTOR.—¡Lo que te ha pasado no deja huella! Ni en la cabecita, si aprendes a pensar.

CHARITO.—¡No es eso! ¡Yo denunciaría!] Pero él no quiere.

NÉSTOR.—¿Quién?

CHARITO.—Se dio cuenta de que me pasaba algo y tuve que contarle lo del solar. Y dice... que ni hablar de denunciarlo.

NÉSTOR.—¿Tú novio?

CHARITO.—*(Asiente.)* Que si le quiero, lo del solar no lo tiene que saber nadie más.

NÉSTOR.—¿Es él quien...?

CHARITO.—Sí.

NÉSTOR.—¿Le conozco yo?

CHARITO.—Es Esteban.

NÉSTOR.—¿El chico de la tienda de Avelino?

CHARITO.—Sí.

[NÉSTOR.—*(Sonríe.)* ¡Otro niño!

CHARITO.—¡Ya tiene diecisiete años!

NÉSTOR.—¡Huy! ¡Si ya es un mastuerzo de diecisiete años! Incluso algo macarra, me han dicho. No está en el cuadro artístico, ¿verdad?

CHARITO.—No. Y tampoco le gusta que esté yo. Dice que me enrollo con el que hace de príncipe.

NÉSTOR.—*(Con la mano en su hombro, da con ella paseítos.)* ¿Y te enrollas?

CHARITO.—Yo sólo quiero a Esteban.

NÉSTOR.–Claro. Y por eso una tarde, después que Michila le dio un beso al príncipe en el ensayo, te pareció que Esteban era el príncipe verdadero y te aplicaste con él al penoso trabajo de perder tu virginidad.

CHARITO.–Si lo va a tomar a chunga...

NÉSTOR.–Para que tú no te lo tomes tan en serio.

CHARITO.–Es que... hubo más tardes.

NÉSTOR.–*(Ríe.)* ¡Por supuesto! Tras la primera vino el entusiasmo, y ya sin precauciones...

CHARITO.–Tomamos precauciones.

NÉSTOR.–*(Se detiene.)* ¿Qué precauciones?

CHARITO.–Me dio una amiga las píldoras.

NÉSTOR.–¡Vaya! Los tiempos adelantan. Oye, loquita: ¿Y no estarás probando otras cosas, además de esas píldoras tan oportunas?

CHARITO.–¿Qué cosas?

NÉSTOR.–Qué sé yo. Porros...

CHARITO.–¿Por qué me lo pregunta?

NÉSTOR.–Hija, ¿no querías desahogarte?

CHARITO.–Fumé un porro una vez.

NÉSTOR.–¿Te lo dio él?

CHARITO.–Sí.

NÉSTOR.–¿Y te gustó?

CHARITO.–No me mola nada.

NÉSTOR.–Menos mal. Pues no lo repitas.

CHARITO.–*(Le señala el cigarrillo.)* ¡Usted fuma!

NÉSTOR.–Es que a tu edad, cuando empecé, yo era tan idiota como tú. ¡Nadie es perfecto!] *(Reanudan su paseo.)* Conque ese hombretón no quiere que se sepa lo que te hicieron. [¿Habíais pensado en casaros más adelante?

CHARITO.–Lo hemos hablado muchas veces, pero...

NÉSTOR.–Pero] si se sabe [lo que te hicieron,] él no quiere nada contigo, ¿eh? [*(Ella asiente en silencio.)* El príncipe fuma porros, pero tiene prejuicios. Y como tú le quieres tantísimo...]

CHARITO.—*(Llora.)* [¡Si ya no quiere! Desde que se lo conté, pone excusas para no salir conmigo. Y] hoy me ha dicho... que hemos terminado. (NÉSTOR *tira con rabia su cigarrillo al suelo y lo pisa.)*

NÉSTOR.—Y tú estás desesperada.

CHARITO.—*Gimotea.)* ¡Sí!...

[NÉSTOR.—Y yo soy un tonto por meterme en estas cosas.

CHARITO.—*(Atemorizada por su tono.)* Yo tendría que haber hablado con Rosa... Perdone si le he entretenido.]

NÉSTOR.—*(Duro.)* ¿Qué quieres de mí? ¿Que te diga cómo podrías retenerle?

CHARITO.—*(Esperanzada.)* Y también pedirle a usted y a Rosa, y al cojo, que nunca digan lo que me pasó. Así podría yo asegurarle a Esteban que no se sabrá.

NÉSTOR.—Se sabrá. *(Ella lo mira, asustada.)* Y quizá por él mismo...

CHARITO.—¡No!

[NÉSTOR.—Se lo has contado y lo dirá un día, para presumir de haber sido el primero. Y dirá que no eres más que una zorra.

CHARITO.—¡El nunca dirá eso!]

NÉSTOR.—[¡Si ya te desprecia! Así que un día lo dirá. No te empeñes en retenerlo.] Hoy te parece que no podrías vivir sin él; mañana..., ¡Sí, quizá mañana mismo!, comprenderás que es un estúpido y se te irá pasando.

CHARITO.—*(Débil.)* No es un estúpido.

NÉSTOR.—Él y tú. Creyendo hacer lo que os da la gana y dóciles a la falsa moral, [a los vicios tontos que os imponen los dueños de todo...] Estoy cansado. *(La observa.)* No entiendes nada de lo que digo, ¿verdad?

CHARITO.—Sí, sí que entiendo.

NÉSTOR.—Ojalá. [Has vivido una experiencia muy dura, pero que no deja mancha. Si Esteban cree que sí, mándalo a hacer puñetas. Esa experiencia te servirá para madurar. Madura tú antes que él; no quieras seguir siendo una chica ignorante y tontorrona porque él es ignorante y tontorrón. Piensa por tu cuenta; que nadie te coma el coco.] Charito, tú no te avergüences de nada... y ya que Rosa no puede ir ahora a dirigiros, como eres su ayudante, dirige tú el ensayo.

CHARITO.—¿Yo? ¡Si no sé!

NÉSTOR.—Se aprende practicando. [Convéncelos de que hay que seguir y] organiza tú el trabajo.

CHARITO.—Se reirán de mí.

NÉSTOR.—[No, si sabes reír la primera.] Puedes decirles que Rosa te va dando algunas instrucciones... *(Se enciende el reverbero.* NÉSTOR *lo mira con melancolía.)* [Ya anochece.

CHARITO.—Sí.

NÉSTOR.—]Si vosotros no os proponéis crecer, en poco podremos ayudaros. Inténtalo y trabaja. Crece. *(La mira, escéptico.)* ¿De verdad has entendido algo de todo este rollo?

[CHARITO.—¡No soy tan tonta!

NÉSTOR.—Me alegro.]

CHARITO.—Y Rosa... ¿ya no volverá con nosotros?

NÉSTOR.—Para eso, cuento contigo. Hazme un favor, ¿quieres? Ven después a casa y pídele que te acompañe al ensayo. Dile que sin ella no dais una en el clavo y que va a haber que dejarlo... ¿Vendrás?

CHARITO.—Bueno. *(Como ahogadas entre paredes, llegan notas del* Estudio *de Chopin.* NÉSTOR *escucha con expresión reconcentrada.)* [Ése es Dionisio.

NÉSTOR.—Sí. En mi casa. ¿Te acompaño a la tuya?

CHARITO.—Aún es pronto, y por aquí siempre hay gente.]

NÉSTOR.—¿Te vas más tranquila?

CHARITO.—No sé...

NÉSTOR.—*(La considera un momento.)* Hasta luego, Charito.

CHARITO.—Hasta luego. *(Se encamina a la derecha. Se detiene, se vuelve y lo mira.)*

NÉSTOR.—*(Le pone una mueca grotesca.)* ¿Tengo monos en la cara?

CHARITO.—Hasta luego. *(Sale aprisa por la derecha. Pensativo y mientras escucha la tenue música, NÉSTOR enciende otro cigarrillo. La casa se va iluminando tras él. La chispa de su pitillo y el farol son las únicas lucecitas en la calle de nuevo oscura. La sombra inmóvil de NÉSTOR resalta contra la claridad creciente de la vivienda. El ventano está oscuro. NÉSTOR se vuelve despacio y avanza hasta pisar el aposento, escuchando la casete que suena en el interior. Atento al pasillo va al aparador, del que abre y cierra sonoramente uno de los cajones. Luego se acerca a la biblioteca, toma un libro cualquiera, va a sentarse a la mesa y lo abre sobre ella. Saca su encendedor y toquetea con él rítmicamente sobre la madera. La casete calla.)*

ROSA.—*(Su voz.)* ¿Eres tú, Néstor?

NÉSTOR.—*(Se guarda el encendedor.)* Sí.

ROSA.—*(Su voz.)* No querrás cenar todavía...

NÉSTOR.—Es pronto. Trae cerveza y nos la tomamos los tres aquí. *(Silencio. NÉSTOR mira al frente. Se oye el bastón del cojo por el pasillo. Con su aparato colgado, entra DIONISIO.)*

DIONISIO.—Hola.

NÉSTOR.—Hola.

DIONISIO.—Rosa tenía que trajinar y me fui con ella a la cocina. *(Silencio. Da unos pasos indecisos.)* El barrio parece más tranquilo estos días...

NÉSTOR.—¿Tiene eso algo que ver con la cocina?

DIONISIO.—*(Desconcertado.)* ¿Con la cocina?... Nada, por supuesto. *(Silencio.* DIONISIO *se recuesta en el aparador. Entra* ROSA *con tres vasos ya servidos en una bandeja y pone ésta en la mesa.)*

ROSA.—Las traigo servidas porque ya sólo quedaban dos.

NÉSTOR.—Muy bien. (ROSA *le alarga un vaso a* DIONISIO.)

ROSA.—*(Tendiéndole otro a su marido.)* [Toma] Éste tiene menos espuma.

NÉSTOR.—Gracias. ¿No te sientas?

ROSA.—Sí, claro. *(Lo hace a desgana. Beben.)*

NÉSTOR.—¿Estabais en la cocina?

ROSA.—De allí vengo.

NÉSTOR.—[Con los vasos,] ya lo sé. ¿Y antes?

[DIONISIO.—Si ya te lo he dicho...

NÉSTOR.—*(Afable.)* Trolero...]

DIONISIO.—¿Qué?

NÉSTOR.—Me sé muy bien los ruidos de la casa. Tú has venido de la alcoba. Y tú, Rosa, has salido de ella, has ido a la cocina y te has traído la bandeja. *(Ríe.)* ¿Os estabais arrullando?

DIONISIO.—¿Es una broma?

NÉSTOR.—¡Qué va!

DIONISIO.—*(Va hacia ellos.)* Pero ¿qué estás diciendo?

NÉSTOR.—*(Seco.)* Siéntate. *(Se miran.* DIONISIO *se sienta en el sofá.* NÉSTOR *se vuelve hacia* ROSA.) Nunca nos hemos mentido, Rosa, y espero que ahora tampoco lo harás. *(Ella va a hablar.)* ¡No creas que no comprendo lo que sientes! No tendría nada de extraño que, para aliviar la tristeza que te ahoga, echases de menos un cariño... distinto del mío. Alguien que sepa decirte palabras que yo no acierto a encontrar. Otro ser tan desvalido como tú, precisamente. [Cuando estuve más hundido fue cuando más me quisiste; bien podría ganarte la voluntad otra persona todavía más desgraciada o que a ti te lo pareciese.

DIONISIO.—¡La estás ofendiendo!

NÉSTOR.—¡No hay nada ofensivo en los sentimientos! Lo ofensivo es la mentira, la hipocresía.] ¿Estabais en la alcoba, Rosa?

ROSA.—Sí. *(Breve pausa.)* Pero allí no ha ocurrido nada.

NÉSTOR.—*(Se levanta con su vaso en la mano.)* ¿Cómo saberlo? Quizá ya no eres sincera conmigo. *(Pasea.)*

ROSA.—Le estaba enseñando las otras fotos de Carmela.

NÉSTOR.—¿En la alcoba?

ROSA.—Es donde las guardamos.

NÉSTOR.—Las pudiste traer aquí. *(Ella no contesta.)* Haya o no sucedido algo entre vosotros, dime la verdad: ¿Tú quieres a Dionisio?

DIONISIO.—¡Es intolerable que hables así! *(Va a levantarse.)* Prefiero no oírlo.

NÉSTOR.—¡Tú te quedas y escuchas! Rosa, si has dejado de quererme con amor de mujer a hombre y es ése el cariño que sientes por Dionisio, no me lo ocultes. ¿Le quieres?

ROSA.—Con el cariño que tú dices, no. (DIONISIO *baja la cabeza.* NÉSTOR *se acerca a su mujer y se inclina sobre ella.)*

NÉSTOR.—¿Estás segura de saber lo que sientes? *(Pausa.)* No contestas, luego no lo estás. *(Deja su vaso en la mesa.)* Pero de que él pretende que tú le quieras, sí lo estás. Y yo.

DIONISIO.—Néstor, por favor...

NÉSTOR.—*(Va hacia él, violento.)* ¡Lo pretendes desde que nos conociste! En cuanto viste cómo era, pensaste que la mujer imposible capaz de besar tu muñón podía ser ella. *(Colérico.)* ¡Dime tú la verdad también, relojero! ¿Te has acostado con ella? ¿Te ha acariciado piadosamente las cicatrices? (ROSA *se levanta, sombría.)*

[DIONISIO.—Néstor, esa pregunta...

NÉSTOR.—*(Que advierte el movimiento de ella, se vuelve rapidísimo.)* ¡No te vayas, Rosa! *(Va hacia ella.)* No me dejes en esta duda.

ROSA.—*(Glacial.)* Ya he contestado a tu pregunta. *(La luz crece en la ventana.)*

NÉSTOR.—¡Lo sé, lo sé! Contéstame a otra. No es más que una suposición, pero yo nunca quisiera esconderte nada: ni mis sospechas. Suponiendo... que te hubieses acostado con él, dime: ¿Quizá lo quieres a él más porque, mientras os movíais en la cama...?

DIONISIO.—¡Néstor! *(Se levanta.)*

NÉSTOR.—*(A* DIONISIO.*)* Si os habéis acostado os moveríais, ¿no? ¿O no sabes moverte?

ROSA.—Eres repugnante.

NÉSTOR.—¿Y él? ¿Es maravilloso porque] te soplaba en el oído mientras te besaba: ella volverá, ella volverá...?

DIONISIO.—¡Y volverá!

[NÉSTOR.—¡Ah! ¿Se lo has dicho en la alcoba?

DIONISIO.—¡Se lo he dicho otras veces] ¿Qué sabes tú de esperar algo que parece inalcanzable? Yo sí lo sé. Y ella. Y porque ella lo sabe, ¡la quiero como tú nunca podrás quererla!

NÉSTOR.—Y ella a ti. ¿no?

DIONISIO.—Ojalá sea cierto.

NÉSTOR.—Tal vez lo sea. *(A* ROSA.*)* ¿Lo es?

ROSA.—Ya te he dicho que no. (NÉSTOR *respira fuerte. Procura calmarse. Mira a los dos y se sienta, tembloroso.)*

NÉSTOR.—Afrontémoslo como personas y no como animales en celo. Si realmente necesitas los consuelos que él sabe darte, yo lo acepto. ¿Quieres que me vaya?

Rosa.—No. Ésta es tu casa y la mía. Tú y yo estamos unidos por lazos que ya no se pueden romper. *(Larga pausa.)*

Néstor.—*(Lento.)* Incluso los de la costumbre. Y los de nuestra pobre economía. Y los de nuestra larga presencia en el barrio como pareja bien avenida... Si por todo ello debo permanecer aquí, me avengo a compartirte con él.

Rosa.—¿Compartirme?

Néstor.—Que viva con nosotros. [Del modo que quieras.] Sé la mujer de los dos o de uno solo: el que prefieras. ¿Por qué no iba a ser posible?

Dionisio.—*(Duro.)* Porque no.

[Néstor.—¿Y si ella lo quiere? No debe de ser tan difícil. Es el triángulo a la francesa, pero no tiene por qué ser cómico. *(Ríe débilmente.)* Y si llega a serlo, ¿qué nos importa?

Dionisio.—¡Sería un infierno!

Néstor.—¿De celos y de disputas? Yo me comprometo a evitar ese infierno por cariño a ella. ¿Y tú?

Dionisio.—*(Hostil.)* ¡El cariño no admite rivales, no tolera el sucio apaño que propones!] Yo quiero a Rosa para mí solo. *(Se acerca aún más.)* ¡Y tú también! Esa proposición ridícula no te la dicta tu generosidad, sino tu miedo.

Néstor.—¿A ti?

Dionisio.—A ella. Temes haberla perdido y propones esa porquería para no perderla del todo. ¡Yo no la compartiré! [Ésta es tu casa y yo me voy ahora mismo por esa puerta.

Néstor.—¿Para esperarla en la tuya?

Dionisio.—¡Sí!]

Néstor.—*(Se levanta y lo aferra.)* ¡Idiota! ¿No comprendes que lo propongo por ella?

Dionisio.—¡Suelta!

[NÉSTOR.–¡Piensa en ella! ¡Hazlo por ella!

DIONISIO.–¡Nos destrozaríamos!]

NÉSTOR.–¡Por ella, imbécil! ¡No por nosotros!

DIONISIO.–*(Levanta algo su bastón.)* ¡Suelta! (NÉSTOR *lo repele y casi le hace caer. Los dos jadean.)*

ROSA.–*(Grita.)* ¡Callaos! ¡Callaos ya! *(Y comienza a ir de un lado a otro. La luz azulada está invadiendo el ambiente; ROSA se siente poseída por el recuerdo que es el eje de su vida.)* Basta... *(Repite la palabra con un hastío infinito.)* Basta... No más... No más. *(Se tapa la cara con las manos y se detiene. Segundos después muestra de nuevo su semblante desencajado que, inesperadamente, recompone una terrible sonrisa.)*

NÉSTOR.–*(Va hacia ella.)* ¡Rosa!

ROSA.–Vuelve a tu silla. Y tú al sofá, Dionisio. Que se sienten los dos gallitos peleones... Los dos... *(Se le escapa una risilla.)* ...enamorados... (NÉSTOR *se sienta sin perderla de vista.)* Aquí no habrá más riñas, Dionisio. *(Le toma del brazo y lo conduce.)* Mi pobre Dionisio,.. *(Le obliga a sentarse en el sofá. Se yergue.)*

NÉSTOR.–Se hará lo que tú quieras.

ROSA.–*(Ríe.)* Es para enorgullecerse, a mis años. Los dos dispuestos a morderse y a seducirme. Pero a mí... *(Vuelve a reír.)...* me dais risa...

NÉSTOR.–Yo estaba dispuesto a intentarlo y aún lo estoy.

ROSA.–*(Va a su lado.)* Y a venir conmigo por los caminos para buscar a nuestra hija, ¿estarías dispuesto? *(Inevitablemente, los dos hombres se miran.)*

NÉSTOR.–¡Rosa, no es posible que todavía pienses...!

ROSA.–*(Mirando al vacío.)* Te he hecho una pregunta.

NÉSTOR.–*(Tras una pausa, elige cuidadosamente las palabras.)* No la encontraríamos... Es mejor esperar a que llame a esa puerta..., si llama.

ROSA.–*(Melancólica.)* Si no llama habrá que ir a su

encuentro. ¿Y tú, Dionisio? *(Se acerca a él.)* ¿Vendrías? ¿Te atreverías a buscarla conmigo en esos refugios donde tal vez la retienen?

[NÉSTOR.—¿Qué refugios?

DIONISIO.—No olvides que estoy cojo.

ROSA.—]¿O también prefieres esperar a que llame a esa puerta?

DIONISIO.—No, no... Sólo que convendría averiguar antes, con habilidad, si esos refugios existen [y por dónde se llega a ellos...] ·

NÉSTOR.—¿Qué refugios?

ROSA.—Los albergues secretos donde pueden tener a Carmela. (NÉSTOR *frunce las cejas, tratando de digerir estas palabras.)*

DIONISIO.—Aunque lo más seguro es que la hayan llevado a otro lugar, ya te lo he dicho...

[ROSA.—*(Distante y enigmática.)* Y tú harás averiguaciones.

DIONISIO.—*(Sin mirarla.)* Desde mañana...]

ROSA.—Pero conmigo no vendrías. *(A* NÉSTOR.) Ni tú.

NÉSTOR.—Rosa, no pierdas la cabeza. *(A* DIONISIO.) ¡Y tú no la engañes!

ROSA.—Nadie me engaña. Sé que sólo mi hija, si la encuentro, podrá apartar de mí los dientes que me atraviesan.

NÉSTOR.—Tú sola escaparás de ellos [si te lo propones.] O ayudada por tus chicos y tus chicas. Por los que están vivos.

ROSA.—Xoquec rescató a su padre del caimán. Y su padre salió.

NÉSTOR.—Es una fábula. Tú debes salir sola.

ROSA.—*(Ensimismada, repite.)* Salió. *(El cuadro de* Las Ninfeas *rezuma suave luz, que no tarda en tornarse muy viva.)*

NÉSTOR.—*(Se levanta y se acerca a su mujer.)* ¡Rosa, tienes que despertar de ese mal sueño!

ROSA.—Estoy despierta.

NÉSTOR.—*(Le toma las manos.)* [¡Entonces, reacciona!] Tú sabes que Carmela ya no podrá venir.

ROSA.—*(Muy fuerte.)* ¡Mientes! *(Se suelta con brusquedad y va hacia el pasillo muy agitada. Al acercarse a la entrada, penetra por ella una fría y poderosa claridad en la que* ROSA *queda absorta.)*

[NÉSTOR.—*(Tras ella.)* Yo no sé creer, pero si tú crees en otra vida donde abrazarás a Carmela, consuélate y vive con esa esperanza. Porque aquí no volverás a tener en tus brazos a nuestra niña, y tú no lo ignoras.

ROSA.—*(Sin volverse.)* Es en esta vida donde quiero volverla a besar. Y si eso no sucede, esta vida no es nada.]

NÉSTOR.—¡Rosa, Rosa! ¡La leyenda americana es literatura! El príncipe no rescató a su padre.

CARMELA.—*(Su voz.)* Atravieso el jardín, mamá... Ya llego...

[NÉSTOR.—Si eso pasó alguna vez, el príncipe también fue devorado.]

ROSA.—[*(Con un leve ademán.)* En uno de esos libros se dice que ignoramos lo que es el tiempo. Quizá el príncipe y el viejo cacique no se encontraron en ninguna otra vida. Pero,] cuando el padre tocó los brazos que venían a salvarlo..., el tiempo se detuvo y vivió para siempre con su hijo.

NÉSTOR.—*(La toma de los brazos.)* ¡Rosa, debes vivir con su recuerdo! Sólo el recuerdo detiene el tiempo. Y sólo en él la besarás siempre.

ROSA.—*(Se desprende con suavidad.)* ¿Siempre, o hasta que, ya vieja, el olvido me la borre? *(El retrato de* CARMELA *resplandece.* ROSA *lo mira.)*

DIONISIO.—¡No le hables así, Néstor! *(Se levanta.)* ¡La estás matando!

NÉSTOR.—¡La estoy salvando con la verdad!

ROSA.—¡La verdad es que ella está viva! ¡Que no puede estar muerta! *(Alterada, se acerca a la mesa y se apoya en su borde.)*

[NÉSTOR.—*(Se esfuerza en hablar con sosiego.)* Sabes que lo está.

ROSA.—¿Y eres tú su padre? Tú eres un macho que engendra y alimenta a su hijo, pero termina por olvidarlo.] *(Se enfrenta con los dos.)* Yo tuve una hija. Sólo una. ¡Sin ti puedo vivir! ¡Y sin ti! Sin ella, no.

NÉSTOR.—Millones de mujeres han vivido después de perder a un hijo.

ROSA.—Pobres paridoras que olvidan.

NÉSTOR.—El barrio está lleno de niños, Rosa:.., que pueden necesitarte.

ROSA.—Si mi hija no vive, nada me importa que se mueran.

NÉSTOR.—¿Estás loca?

ROSA.—¡Sí! *(Y se sienta, sollozando, de bruces sobre la mesa.)*

DIONISIO.—*(Se acerca.)* Rosa, no te desesperes. Tú verás hecho realidad lo imposible.

NÉSTOR.—[*(Le apresa un brazo.)* No pretendas ganártela con halagos.] (DIONISIO [*consigue desprenderse y*] *va a sentarse al extremo derecho de la mesa.)* [Ella debe afrontar la verdad.] (Los dioses oscuros *de Ernst comienzan a refulgir.)* Rosa, Carmela ya no existe, y esa pena hay que asumirla. Yo la sufro más de lo que crees. A veces, cuando no me ves, se me saltan las lágrimas al imaginar cómo se pararía su corazoncito lleno de terror en la oscuridad y el frío del agua hedionda... (ROSA *gime.)* [Tu dolor es el mío, y] sólo nos queda un amargo consuelo: el de que ninguna atrocid... ...mana podrá ya nada contra ella. Ahora es invulnerable. (ROSA *se levanta con los ojos encendidos. Las extrañas claridades que centellean aquí y allá han convertido el aposento —sólo para su mente— en un misterioso diamante que también la vuelve invulnerable.)*

ROSA.—Tú quieres matarla.

NÉSTOR.—*(En un arranque, la besa y abraza con pasión.)* ¡¡Te quiero a ti!! ¡Y quiero que vivas, [y vivir yo en ti,] y que los dos vivamos en el dolor de nuestra niña perdida, pero en la alegría de las tareas que nos llaman!

CARMELA.—*(Su voz.)* Mamá...

ROSA.—*(Se suelta con dulzura.)* La veremos aquí mismo, riéndose [de su larga travesura] y correteando... *(Sonriente, cierra los ojos.)*

NÉSTOR.—*(La mira largamente.)* ¿Con sus zapatitos?

ROSA.—*(Abre los ojos.)* ¿Qué... zapatitos?

NÉSTOR.—*(Tras ella, la abraza tiernamente.)* Los que llevaba cuando la perdimos... y uno de los cuales hemos visto hace pocos días.

ROSA.—*(Se desprende con suma violencia.)* ¡No es verdad!

NÉSTOR.—*(Con tristeza y melancolía.)* Aquellos huesos eran los de nuestra hija.

ROSA.—¡No eran nada! ¡Un despojo irreconocible!

NÉSTOR.—Aquel zapatito podrido... era el suyo. Y desde aquel día, tú lo sabes. Atrévete a reconocerlo y saldrás del caimán. *(Larga pausa. ROSA respira agitadamente, mirando al vacío. Las luces culminan su frenética zarabanda.)*

DIONISIO.—*(Suspira.)* Ojalá sepas lo que haces.

[NÉSTOR.—*(Con cariñosa voz.)* ¿Quieres beber algo, Rosa?

ROSA.—*(En voz baja.)* No tengo ganas.] *(Llaman. ROSA lanza una rapidísima mirada a la puerta. Después mira a los hombres. Los destellos luminosos alcanzan su mayor viveza.* ROSA *cruza hacia la puerta.* [*La voz de su marido la detiene.*)

NÉSTOR.—Puede que sea tu hija la que ha llamado. *(Ella y* DIONISIO *lo miran, estupefactos.)* Vendrá algo más crecida y te sonreirá cuando abras. Será tu hija.

ROSA.—*(Con la voz entera y tranquila.)* No me des la razón que ya tengo. Tú la verás también.

NÉSTOR.—¿Ahora?

ROSA.—O cualquier otro día. Lo imposible es lo que se cumple.] *(Se acerca a la mirilla. Vuelve a sonar el timbre. Con un suspiro de inmensa expectación,* ROSA *abre tímidamente la mirilla y observa. Bruscamente desaparecen todas las luces irreales, el ventano se vuelve negro y el aposento recobra su normal iluminación. Sin decir palabra y con gesto impenetrable,* ROSA *abre la puerta y entra, sonriente,* CHARITO. ROSA *cierra la puerta.)*

CHARITO.—Buenas noches...

NÉSTOR.—¡Hola, Charito! ¿Cómo van las cosas?

CHARITO.—Vaya. Ahora estoy buscando trabajo.

NÉSTOR.—¡Eso es magnífico! ¿Tú lo sabías, Rosa?

ROSA.—No.

[CHARITO.—Es difícil, pero mi amiga Feli le va a preguntar a su jefe si admite a otra chica.]

NÉSTOR.—*(Se acerca, afectuoso, y le oprime los hombros.)* Saldrás adelante, Charito.

[CHARITO.—Mientras tanto, hago lo que puedo en el cuadro artístico. *(Compungida.)* Así me distraigo.

NÉSTOR.—Me parece muy bien.] ¿Qué tal van esos ensayos?

CHARITO.—¡Un desmadre! Rosa, yo venía a pedirle que se viniera conmigo. Sin usted, aquello es un manicomio. Cuando el príncipe saca del bicho a su padre, nos partimos todos de risa... [Hay que poner movimientos que no den risa. Usted sabe y nosotros no. Cuando el príncipe llama al viejo,] da unos gritos feísimos y se arma la gran juerga. Si usted no viene va a haber que dejarlo. ¡Sáquenos del apuro, Rosa! Todos me han pedido que se lo diga. Si no viene, puede que esta noche sea la última.

NÉSTOR.—¡Pues es un problema! [Yo creo que deberías irte con ella ahora mismo, Rosa.] Sería una lástima que los chicos se desmoralizaran, después de tanto trabajo. *(Una pausa.)*

CHARITO.—¿Se viene? *(Una pausa.)*

NÉSTOR.—Claro, Rosa. Vete con ella. Te tomas allí un bocadillo y después yo paso a recogerte. ¿Quieres? (ROSA *alza despacio la vista y mira a todos.)*

ROSA.—Sí. Me iré con ella.

NÉSTOR.—*(Lo más suavemente que puede.)* Muy bien. Pues a trabajar. *(Se llega a la puerta, dispuesto a abrirla.)*

ROSA.—*(Con extraña sonrisa.)* Eso. A lograr que el caimán devuelva su presa y nadie se ría. *(Ríe levemente. La miran, inquietos.)* Y vosotros dos no riñáis... No seáis como niños que disputan en su teatro... sin saber los movimientos y las entonaciones... No me hagáis reír.

NÉSTOR.—Si hay que hacer el gilipollas para que te rías, me apunto a gilipollas.

ROSA.—*(Lo mira con cariño.)* Gracias, Néstor. *(Se acerca y le da un beso.)* Adiós, Dionisio. Vamos, Charito. *(Abre la puerta y sale.* NÉSTOR *le hace la o del triunfo a* CHARITO, *que se sonríe y sale a su vez, cerrando. Larga pausa.)*

DIONISIO.—Bueno... Pues yo también me voy a menear la patachula hasta mi casa. *(Se levanta.)*

NÉSTOR.—¡Espera, hombre! Vamos a celebrar esto con la poca cerveza que queda.

DIONISIO.—¿Celebrar, qué?

NÉSTOR.—El principio de la recuperación de Rosa.

(Saca su cajetilla y enciende un cigarrillo. Ríe.) Anda, Don Juan, siéntate. (DIONISIO *lo mira, receloso, y va a sentarse junto a la mesa, haciéndose con su vaso.)* Hay que saber aceptar la derrota. (NÉSTOR *toma su vaso.)*

DIONISIO.—¿Qué derrota?

NÉSTOR.—*(Le parece evidente.)* ¡La tuya! *(Levanta su vaso.)* ¡Por Rosa! *(Beben los dos.* NÉSTOR *sonríe.)* La operación de salvamento era arriesgada, pero ha comenzado bien. *(Con leve acritud.)* O mucho me engaño, o te queda ya poco que hacer en esta casa, aunque te hayas acostado con Rosa.

[DIONISIO.—¿Es una afirmación o una pregunta? Tú has dicho que no podías saberlo.

NÉSTOR.—*(Seco.)* Entonces, tómalo como una pregunta.

DIONISIO.—¿Otra vez? Te diga que sí o te diga que no, vas a dudar. Además, qué podría importarte? Tú eres comprensivo. Por un desliz de tu mujer en un momento de debilidad o de piedad, no ibas a ponerte calderoniano.

NÉSTOR.—*(Va hacia él, tenso.)* ¡Oye, imbécil...!]

DIONISIO.—*(Algo intimidado.)* Ella ha dicho que no riñamos.

NÉSTOR.—*(Se contiene. Ríe.)* No. Claro que no reñiremos. [Y menos, cuando vas a dejar de visitar esta casa.] *(Le da unas palmadas en la espalda.)* ¡Vamos, alégrate y no tengas miedo!

DIONISIO.—*(Ríe.)* El Patachula se alegra y no tiene miedo! ¡Viva la gente civilizada!

NÉSTOR.—*(Pasea, de buen humor.)* Ella va a revivir. Y el domingo, en la manifestación, se sentirá más ligada a todos. *(Se detiene ante la reproducción de Monet.)* Irá aceptando poco a poco la idea de que Carmela... se fue para siempre. (DIONISIO *ahoga una risita.* NÉSTOR *se vuelve a mirarlo.)* ¡Sí! Aún podré darle alguna felicidad.

DIONISIO.—*(Ríe.)* El Patachula lo celebra.

NÉSTOR.—*(Ríe.)* ¡Gracias, Patachula!

DIONISIO.—*(Riendo.)* ¡De nada, Salomón!

NÉSTOR.—*(Riendo.)* Tú no me la amargues más. Déjamela a mí y la pondré como un reloj.

DIONISIO.—*(Ríe.)* Obedezco humildemente. Tú, su relojero. El Patachula, sólo de su relojito. De otra cosa no entiende.

[NÉSTOR.—Si el domingo va todo bien, me la llevaré después al parque. *(Mira el cuadro.)* No a un jardín misterioso con una hija inexistente.

DIONISIO.—]*(Risita.)* ¡El Patachula aplaude! *(Lo hace y se levanta.)* El Patachula baila de alegría. *(Giros de vals, con grotescos apuntalamientos de bastón.)* ¡No más jardines fúnebres, la vida es bella! Tu ru tu tú, Tu tú, Tu tú...

NÉSTOR.—*(Lo mira cejijunto.)* Cállate, payaso.

DIONISIO.—*(Se para.)* A tus órdenes, Sócrates. *(Va a la mesa.)*

NÉSTOR.—Y lárgate ya. (DIONISIO *se sienta.* NÉSTOR *pone mala cara, pero se cruza de brazos.)*

DIONISIO.—[No antes de que me oigas.] Por muy simple que seas, no creo que te hayas hecho demasiadas ilusiones con esa cura genial que has aplicado a tu mujer. Si piensas que, gracias a ti, Rosa va a olvidar a su hija, eres un cretino.

NÉSTOR.—*(Cruza tras él.)* No pretendo que la olvide, sino que se resigne.

DIONISIO.—¿Crees que ella va a admitir nunca que esa cosa horrible del depósito era su hija?

NÉSTOR.—Sabe que lo era.

DIONISIO.—Eso no lo sabes ni tú.

NÉSTOR.—*(Lo observa, sorprendido.)* ¿También tú enloqueces? *(Se sienta cerca de él.)* ¿Has llegado a creer ni un solo momento que la niña está viva?

DIONISIO.—*(Lo mira fijamente.)* Prefiero no contestarte. Si te digo que no, le irías con el cuento a Rosa, y yo creo que es peligroso desilusionarla. Y si te digo que sí, vas a reírte... [Claro que eso, al Patachula, le importa ya muy poco.]

NÉSTOR.—¡El mayor peligro para Rosa es el de no aceptar la realidad!

DIONISIO.—¿Y sabes tú cuál es la realidad? *(Zumbón.)* Mira que si ahora llamasen a la puerta y fuese... tu propia hija, nada menos... *(Ríe.)* Porque hay muchos zapatitos iguales.

NÉSTOR.—*(Le aferra un brazo.)* [¡No te permito más bromas!] ¡Fuera de aquí!

DIONISIO.—Ya me voy. Pero tú ten mucho cuidado. *(Preocupado.)* Menos mal que ahora se ha marchado con Charito...

NÉSTOR.—¿Qué quieres decir?

DIONISIO.—Aunque vaya a los ensayos..., mañana volverá a sus paseos. Y tú no podrás acompañarla en tus horas de trabajo. Demasiado tiempo sola. ¿No te da miedo?

NÉSTOR.—¿De qué? *(Un silencio. Le zarandea.)* ¿De qué, Dionisio?

DIONISIO.—De que intente... encontrar ese jardín maravilloso donde cree que le aguarda Carmela. *(Silencio. NÉSTOR se levanta, brusco, y pasea.)* Habría que procurar... tenerla siempre acompañada.

NÉSTOR.—*(Se detiene y reflexiona.)* Hablaré con Charito... Confío en que el trabajo en la Asociación vaya distrayendo a Rosa.

DIONISIO.—Yo no confiaría.

NÉSTOR.—*(Su inquietud aumenta.)* Hablaré también con el Colectivo de Mujeres... La secretaria es buena amiga y le dará toda la compañía posible.

DIONISIO.—Pero tiene mucho trabajo. *(Largo silencio.*

NÉSTOR *siente que le invade el temor. Fijos en Dionisio, sus ojos revelan una difícil decisión.)*

NÉSTOR.—Entonces tú, que ya no lo tienes, acompáñala.

DIONISIO.—*(Asombrado.)* ¿Tú me lo propones?

NÉSTOR.—Sí.

DIONISIO.—Hace un minuto me echabas. ¿Me pides ahora que me quede?

NÉSTOR.—¡Sí!

DIONISIO.—*(Después de un momento.)* ¿Aunque me acueste con ella? (NÉSTOR *cierra los ojos. Vuelve a mirarlo, se acerca y se sienta con aire cansado.)*

NÉSTOR.—Merezco que te rías de mí. Era yo el derrotado y tú lo sabías de antemano. *(Mira al vacío.)* Acompáñala.

DIONISIO.—Creo que a los dos nos ha derrotado un espectro.

[NÉSTOR.—Intentaremos vencerlo juntos. *(Voz velada.)* Aunque te acuestes con ella.] (DIONISIO *se levanta y pasea un poco, desazonado.* NÉSTOR *lucha con su abatimiento.* DIONISIO *se vuelve hacia él. Va a hablar, pero llaman a la puerta. Se miran.)*

DIONISIO.—¿Esperas a alguien?

NÉSTOR.—No...

DIONISIO.—¿Abro?

NÉSTOR.—Yo voy. *(Se levanta, va a la puerta y atisba por la mirilla. Perplejo, abre la puerta. Sonriente, entra* CHARITO. NÉSTOR *cierra.)*

CHARITO.—¿No ha salido Rosa todavía?

NÉSTOR.—¡Si salió contigo! *(El ventano empieza a azulear. Cuando terminan las siguientes palabras de* CHARITO, *la fría magia luminosa ha vuelto a adueñarse del ambiente, como si, a su pesar,* NÉSTOR *la compartiera.)*

CHARITO.—[Sí, pero] iba preocupada porque se había dejado el bolso y me dijo que volvía por él y que yo me fuese al ensayo. Pero está tardando demasiado. *(Breve pausa.)* ¿Es que no está aquí?

NÉSTOR.—*(Trémulo.)* Aquí no ha vuelto.

CHARITO.—Entonces, ¿dónde está? *(Se miran los dos hombres. DIONISIO se levanta. De repente NÉSTOR se precipita al aparador, saca una linterna de un cajón, comprueba su funcionamiento y corre a la puerta.)*

DIONISIO.—¿A dónde vas?

NÉSTOR.—*(Con un tono en el que estalla el horror que prevé.)* ¡Al solar! *(Abre y sale a toda prisa.)*

DIONISIO.—¡Voy contigo! *(Va a la puerta lo más aprisa que puede.)*

NÉSTOR.—*(Su voz, lejos.)* ¡Rosa!... ¡Rosa!...

CHARITO.—*(Despavorida.)* ¡No!

DIONISIO.—*(Antes de salir.)* Sí, Charito. Ella ha ido a buscar a su hija. *(Sale, y ella corre tras él, al tiempo que la oscuridad se apodera de la casa y el farol se apaga. Fuertemente iluminada y sentada a su mesita, la DAMA reaparece a la izquierda.)*

DAMA.—En dos ocasiones inolvidables me tocó mirar al fondo de aquel agujero. A mí, sí: a Charito. A aquella niña ignorante y tonta que he descrito como si no fuese yo misma, porque apenas tengo ya nada que ver con ella. [Quizá algún lector, distraído y olvidadizo de mi nombre en la portada, haya llegado a sospechar que Carmela volvió al fin y que yo soy] Carmela. [Yo soy Charito:] mi pobre amiga de la infancia nunca regresó... El domingo, el barrio entero esperó a Néstor en la manifestación. Y tardaba. Reciente el entierro de su mujer, nadie se atrevía a llamarlo para que se pusiese al frente... *(Ha comenzado a oírse la confusa algarabía de la muchedumbre. Suave transición a luz diurna en la casa. La puerta está abierta. Ensimismado, NÉSTOR está sentado en una silla.)* Me atreví yo. *(Aparece CHARITO en la puerta.)*

CHARITO.—*(Con timidez.)* Néstor... *(Él no se mueve.*

Ella avanza unos pasos.) Todos le esperan, Néstor...
(NÉSTOR *la mira.)* La gente va a echar a andar. *(Se
acerca un poco más.)* Yo también iré. (NÉSTOR *se levanta
con trabajo.)*

NÉSTOR.—¿Tú?

CHARITO.—*(Baja la vista.)* Tras la pancarta contra las
violaciones. ¿Viene usted?... Si no tiene ganas, quédese.
Todos nos hacemos cargo.

NÉSTOR.—Tampoco tú estás muy animada.

CHARITO.—Tampoco,

NÉSTOR.—Y vas a ir.

CHARITO.—Sí. *(Breve pausa.)*

NÉSTOR.—Yo también iré. *(Se dirige a la salida. Se
detiene.)* Sal, Charito. Yo voy dentro de un momento.
(CHARITO *sale. A* NÉSTOR *se le pierde la mirada, que
vaga sobre el retrato de su hija, sobre el jardín pintado,
sobre el ventano. Al fin, sale y cierra.)*

DAMA.—Y salió, y se puso a la cabeza del gentío. Pero
yo siempre recuerdo aquellos segundos en que se quiso
quedar solo con sus fantasmas... Arrostrando la ira de
mis padres, el asombro del barrio, la gran diferencia de
edad, me casé con él al cabo de unos años. *(Mira al
público.)* Juntos hemos afrontado los desastres que,
desde aquel tiempo al actual, nos han afligido, y segui-
remos afrontando los que aún nos aguardan... Néstor
no es más que un hombre oscuro, pero a los que son
como él debemos nuestra fuerza. Sin ellos, el caimán
nos habría devorado hace tiempo. Yo procuro disiparle
el dolor que no le abandona y que le adivino: el de
creerse culpable. Sus fantasmas son los míos, y los dos
sentimos a Rosa a nuestro lado... *(Comienza a oírse el*
Entreacto *de* Rosamunda. *Con su magnetófono en
marcha aparece* DIONISIO *por la izquierda, cruza y se
detiene un instante bajo el reverbero apagado.)* También
recuerdo a menudo al pobre cojo, a quien no volvimos

a ver después de aquello. El hombre que quiso amar a Rosa y sólo sabía amarse a sí mismo. (DIONISIO *sale por la derecha. La* DAMA *se levanta.)* Las personas como Néstor son las que nos sostienen, lo sé. Son la salud y el ánimo frente a la desesperanza y el suicidio. Me pregunto, sin embargo, si el fatal error cometido por Rosa no será la cara sombría de otra luminosa fuerza sin la que el caimán tampoco podrá ser definitivamente vencido: la [fuerza] que poseyó, por amor a una sola niña entre todas las niñas, la mujer a quien el más desdichado de todos nosotros llamó... Rosamunda. *(Oscuridad. La melodía de Schubert se extingue lentamente.)*

TELÓN

LAS CARTAS BOCA ABAJO

Tragedia española en dos actos y cuatro cuadros

Esta obra se estrenó el 15 de noviembre de 1957,
en el Teatro Reina Victoria, de Madrid, con el siguiente

REPARTO

ADELA	....	*Tina Gascó.*
ANITA	....	*Pilar Muñoz.*
JUAN	....	*José Bódalo.*
JUANITO	....	*José Vilar.*
MAURO	....	*Manuel Díaz González.*

Derecha e izquierda, las del espectador.

Dirección: FERNANDO GRANADA.
Decorado: EMILIO BURGOS

ACTO PRIMERO

CUADRO PRIMERO

Un cuarto de estar, que también cumple funciones de comedor, en un viejo piso. Muebles no malos, pero heterogéneos y deslucidos; cortinas pasadas de moda. Un aire sutil de abandono, de cansada rutina y trivial desarmonía parece desprenderse de todo. El piso, de madera, no está encerado; las paredes no se repintan desde hace tiempo. Un alto zócalo de papel pintado de oscuro color de roble, con fingidas taraceas en rombo, corre a lo largo de éstas. Una gran cornisa, pintada del mismo color, las separa del techo, en el centro del cual el rosetón, también pintado, sostiene la lámpara. En la cornisa, algún desconchado deja ver la blancura del yeso de que está formada. En el primer término izquierdo, el balcón, abierto. En el ángulo de este lateral con el foro, una rinconera que oficia de bar, sobre la que vemos diversos objetos de uso: una caja de lata para la costura, un cenicero, una licorera y la guía telefónica deslizada entre ese apiñamiento. A la izquierda del foro está el teléfono de pared, y a continuación, la entrada adintelada que comunica a esta sala con el pasillo, el cual conduce por la izquierda al vestíbulo y por la derecha a otras habitaciones. Precisamente encima de esta entrada, a la cornisa le falta un trozo apreciable, desprendido y caído, sin duda, tiempo atrás. Y, si aguzamos la vista, podremos advertir en la pared del foro una de esas grietas, frecuentes en las casas viejas —y también en muchas nuevas—, que sube oblicuamente desde el zócalo y de derecha a izquierda para morir en el desperfecto de la moldura. El resto del foro lo ocupa un desteñido sofá isabelino. Sobre él, y rematando el zócalo, repisa llena de bibelots baratos y postales sin enmarcar. Más arriba, en la pared, dos antiguas fotografías de busto que representan a un señor y a una señora jóvenes, en viejos marcos dorados que ocultan en parte la grieta. El ángulo que forma el foro con el lateral derecho está cortado en chaflán por una puerta oculta tras una cortina corrida. En el primer término derecho, la entrada a otro pasillo, con la cortina descorrida. En el trecho restante hasta el chaflán, una vieja poltrona y, sobre el zócalo, estantería sencilla, de un solo cuerpo, repleta de libros, en rústica en su mayoría. Encima, en la pared, un grabado antiguo en marco oval. En el centro de la escena y hacia la izquierda, mesa camilla con tres o cuatro sillas alrededor, y sobre ella, el periódico del día y un cenicero.

Cae la tarde

(*Por unos momentos, la escena sola. Luego, entra por la derecha* ADELA. *Cuarenta años todavía arrogantes; pero sus facciones, levemente endurecidas, hacen sospechar, acaso, más edad. Viste ropas sencillas y caseras, aunque de buen gusto. Nada más entrar, se dirige a la mesa, donde deja unas prendas de ropa que traía; va luego a la rinconera y coge la caja de lata. Al volver con ella se detiene, mirando a la cortina del chaflán. Después se acerca a ella poco a poco, sin el menor ruido, y aparta la cortina. La puerta, tras ella, está cerrada. ADELA escucha durante un segundo y luego restituye la cortina a su posición. Va a la mesa, se sienta a su derecha y abre la caja, sacando de ella unas gafas, que se pone, y luego aguja e hilo, que enhebra. Se abstrae por un momento, mirando a la luz del balcón, suspira y se coloca un dedal, tomando una de las prendas para coser. Suena el teléfono. Con un gesto de contrariedad, clava la aguja en la ropa, se levanta y va a tomarlo.)*

ADELA.—Dígame... No está en este momento. ¿De parte de quién?... Sí, suele venir casi hodos los días... No, don Mauro no vive aquí; pero es lo mismo. ¿Quiere que le deje algún recado?... ¿O algún teléfono, para que él llame?... Bien. Yo se lo diré... Adiós. *(Cuelga. Durante estas palabras JUAN aparece por la derecha del foro y la mira. Es un hombre robusto, de aire fundamentalmente honrado, cuyo cabello empieza a grisear. Unos cuarenta y cinco años, o quizá cincuenta bien llevados. Viste una bata ligera y unas zapatillas de verano. ADELA le mira.)* Era para Mauro.

JUAN.—*(Entra y enciende un cigarrillo.)* ¿De qué importante asunto se trataba ahora?

ADELA.—*(Que se ha sentado y empieza a coser.)* No me han dicho nada.

JUAN.—*(Pasea.)* En cambio, tú te has apresurado a pedir un teléfono para que Mauro llame si quiere.

ADELA.—*(Deja de trabajar y le mira.)* No me lo han dado.

JUAN.—Suponte que te lo hubieran dado. Tú lo

pides... y Mauro llama, claro. Una llamada más, aparte de las que él hace por su cuenta...

ADELA.—Unos céntimos más...

JUAN.—*(Se detiene.)* De sobra sabes que no soy tacaño. Pero, vamos..., me parece que tu señor hermano no puede tener queja de nosotros.

ADELA.—Molesta lo menos que puede.

JUAN.—¡A todas horas! Y antes te desagradaba a ti tanto como a mí. *(Ella baja la cabeza y cose.)* Bueno, allá tú. El diablo que te entienda. *(Pasea, fumando. Se fija en la grieta.)* Yo creo que esta grieta ha ensanchado.

ADELA.—No sé... A veces parece que sí. Otras parece igual que siempre.

JUAN.—*(La toca.)* Puede que se deba a los cambios de tiempo. *(Sigue la grieta con los ojos y mira la cornisa.)* ¿Ha caído algún pedacito más de la cornisa?

ADELA.—No. *(Le mira. Empieza a sonreír.)*

JUAN.—Si saco la plaza, llamaremos a los albañiles y a los pintores. *(La mira.)* ¿Se puede saber de qué te sonríes?

ADELA.—Estás nervioso...

JUAN.—*(Grave.)* Sí. Claro que lo estoy. *(Va a su lado y se sienta cansadamente tras la mesa.)* ¿Y Juanito? *(Hojea el periódico.)*

ADELA.—En su cuarto.

JUAN.—¿No sale hoy?

ADELA.—Supongo que sí. Más tarde. *(Una pausa.)*

JUAN.—Tienes que comprenderlo, Adela. Necesito toda la calma y todo el silencio posibles para poder estudiar con provecho. Me harías un gran favor si, por lo menos en estos días..., lograses que Mauro nos visitase menos. *(Ella se quita las gafas y le mira.)* Has quedado en ayudarme... Podría decirle que no volviese, pero prefiero rogártelo a ti. (ADELA *vuelve despacio la cabeza hacia el chaflán.* JUAN *se levanta, fastidiado.)* ¡No mires tanto al chaflán! ¡Qué manía! *(Va al balcón.)*

ADELA.—*(Dulce.)* Claro que te ayudaré, en eso y en todo... Pero me apena verte así. Me pregunto si había verdadera necesidad de que hicieras a estas alturas semejante esfuerzo.

JUAN.—*(Se vuelve.)* ¡Cómo! Tienes que conformarte con una asistenta cada dos días, con un traje al año, con el cine del barrio, con veranear en las terrazas de los cafés. ¡Y preguntas si hay verdadera necesidad!

ADELA.—Pero, en realidad, nada esencial nos falta.

JUAN.—*(Seco, sin mirarla, después de un momento.)* Calla, por favor. (ADELA *se cala de nuevo las gafas y cose.)*

ADELA.—¿Cuándo sabrás el resultado del primer ejercicio?

JUAN.—¡Ah!, no sé. *(Pasea.)* El Tribunal se toma todo el tiempo que quiere para calificar. Pero Garcés está al tanto; él va todos los días a la Facultad. Si hay novedades, me avisará. *(Timbre lejano.)*

ADELA.—*(Suspira y clava de nuevo la aguja.)* Será Mauro. *(Se quita las gafas y se levanta.)*

JUAN.—Me vuelvo al despacho. *(Va hacia el foro, con ella a su lado.)* Hazme café, ¿quieres? Estoy cansado de estudiar.

ADELA.—Ahora te lo preparo. *(Están en el pasillo del foro. Nuevo timbrazo.)*

JUAN.—*(Seco, por* MAURO.*)* Y, además, con prisas. *(Sale por la derecha y ella por la izquierda. Una pausa.* ADELA *vuelve a entrar, seguida de* MAURO. *Tiene éste unos cincuenta años y su presencia ofrece, si vale la expresión, una vulgar carencia de vulgaridad. Sus pantalones grises, descaradamente faltos de plancha y con rodilleras; sus viejos y deslucidos zapatos; la chaqueta deformada; la corbata vieja y la camisa de color, rozada y dudosamente* *limpia; todo parece delatar desaseo y pobreza. Ello contrasta, sin embargo, con el amaneramiento sutil de su cabeza. El cabello, gris, que le clarea por encima, cae sobre la nuca, en una masa de ensortijadas greñas: el conato de melena, con pretensión de elegancia, del hombre que no frecuenta la peluquería. El encarecido bigote, mal recortado, también se riza y apunta dos leves principios de guía, que fingen cierto personal atildamiento. Trae bajo el brazo una cartera de cuero, grasienta y usada. Su enfática voz se oye ya antes de que aparezca, y, nada más entrar, se dirige a la poltrona, donde se deja caer con un suspiro de satisfacción.)*

MAURO.—¡Ay, hija mía! Esta casa es como un remanso. Porque no paro, Adelita, no paro. ¡No se puede ser hombre importante! *(Ríe con una sonrisa hueca, en él habitual y nada convincente.)* Espero no molestarte...

ADELA.—*(Va a recoger sus avíos de costura.)* Ya sabes que no.

MAURO.—¡Uf! Estoy deshecho. *(Bosteza con ganas y se tapa la boca.)* ¿Hubo alguna llamada para mí?

ADELA.—*(Mientras lleva la caja a la rinconera.)* Hace un momento. Dijo que ya hablaría él contigo. No quiso dar ni nombre ni teléfono. Pareció extrañarse de que no vivieses aquí.

MAURO.—¡Hola, hola!... Pudiera ser... Pero no, no creo. Está uno tan relacionado, que se confunde... *(Ríe.)* Bueno; ya respirará. (ADELA, *con las prendas que trajo en la mano, se dirige a la derecha.)*

ADELA.—Querrás un poco de café...

MAURO.—¿Un poco de café con leche? ¡Santa palabra! Pues mira, sí... Porque aún no he merendado y...

ADELA.—*(En la puerta de la derecha.)* Lo pongo a calentar y vuelvo en seguida.

MAURO.—*(Se levanta, palpándose los bolsillos.)* Entre tanto, si no te importa, haré una o dos llamaditas.

ADELA.—Bueno. *(Va a salir.)*

MAURO.—*(Que busca ya una dirección en la libreta.)* Pero ¡qué cabeza la mía! No te he preguntado por tu marido... ¿Está?

ADELA.—Sí. En su despacho.

MAURO.—*(Ríe.)* Estudiando como un león, ¿eh? Bueno; ahora hablaremos. No te entretengo.

ADELA.—Ahora vuelvo. *(Sale.* MAURO *farfulla algo, mientras pasa el dedo por la libreta y encuentra lo que busca. Va al teléfono; pero, antes de descolgar, tuerce el gesto y sale al pasillo del foro para escuchar. Tranquilizado, vuelve al teléfono y marca un número. Espera.)*

MAURO.—¿Don Federico Anaya?... De don Mauro García. Sí, por favor. *(Espera.)* Sí, diga... ¡Caramba, cuánto lo siento!... ¿Seguro que no está, señorita?... Es que él me indicó... Sí, sí, es que él me indicó que le llamase a esta hora... Pues es raro, porque era cosa importante... No, claro. Cuando usted dice que no está... Pues muchísimas gracias y mil perdones. Adiós. *(Cuelga y se queda pensativo, con la mano en el teléfono. Vuelve a descolgar y marca otro número. Espera.)* ¿El señor Durán, por favor?... De parte de Mauro... Sí. *(Espera.)* ¡Ah! ¿Es usted, Josefina?... ¡Muchísimo gusto en saludarla!... ¡Eso mismo! ¡Deseando hablar con ese hombre para un asuntito que..., que nos interesa mucho a los dos! *(Ríe.)* Ya le habrá impuesto su señor esposo. Podría ser algo excepcional, porque... ¿Eh? ¡Ah!, que tampoco está. *(Ríe.)* Discúlpeme. ¡Qué cabeza! Quiero decir que no, que no está... Pues yo también lo siento mucho, y por él, por él... No importa, volveré a llamar esta noche... ¡O mañana, a la hora del almuerzo, sí, señora!... *(Ríe.)* ¡Pues encantado de saludarla, y un saludo también muy curiñoso para ese gran hombre!... A sus pies, señora...

Adiós. *(Cuelga y da unos pasitos indecisos, resoplando. Se detiene, escucha hacia el foro y se precipita al teléfono, mientras busca en su libreta otro número. Marca y espera.)* ¿Señor Malvido?... *(Solemne.)* Del subsecretario... Sí. *(Espera.)* ¿Qué tal, Malvido? Encantado de saludarle... *(Ríe.)* ¡No! Yo no soy el subsecretario; pero me han dicho de su parte que le diga a usted... Claro, sí, soy Mauro García... No; es que me han dicho en el Ministerio... Sí. Es que me han dicho...; Pero no se ponga así, Malvido!... Le ruego que me atienda, es importante... Hombre, claro, para mí; pero también para usted, porque... ¡Malvido! ¡Yo no puedo tolerarle...! *(Le han colgado. Mira al teléfono y cuelga.* ADELA *vuelve. Él reacciona en rápida transición y le sonríe.)* ¿Y el chico?

ADELA.—En su cuarto. ¿Te apetece ahora una copa?

MAURO.—*(Va a sentarse a la poltrona y saca papeles de su cartera, que revisa y anota con un bolígrafo barato.)* Siempre sostuve que, el licor, antes y no después del café. *(Ríe.)* Bueno, y después también. Pero la mujer de todo, antes. *(Entre tanto.* ADELA *saca del estante inferior de la rinconera una copa y una licorera, que trae a la mesa.)*

ADELA.—Calla. *(Mira hacia el chaflán.)* ¿Se oye la radio?

MAURO.—No.

ADELA.—Me parecía... *(Sonríe.)* A veces la pone muy bajito. *(Le lleva la copa.)*

MAURO.—Gracias. *(Bebe un sorbo y lo saborea.)* ¿Cómo va Juan con la oposición?

ADELA.—Intranquilo. Aún no sabe si ha aprobado el primer ejercicio. *(Se acerca al chaflán.)* Puede que le hayan eliminado. *(Levanta un poco la cortina. La puerta está cerrada.)*

MAURO.—*(La mira y señala hacia el chaflán.)* ¿Ocurre algo?

ADELA.—*(Se vuelve y va hacia él con aire confidencial.)* A veces abre muy quedito y se queda escuchando tras la cortina.

MAURO.—¿Por qué no la descorres?

ADELA.—Lo he intentado; pero entonces se pone inaguantable. Te abruma con sus miradas y sus actitudes... Hay que dejar que viva a su gusto.

MAURO.—*(Apura su copa.)* Es un coñac excelente.

ADELA.—No lo creas. Comprado a granel.

MAURO.—*(Sonríe.)* ¿Qué importa eso? Cuando una cosa nos parece excelente, es que es excelente.

ADELA.—*(Suspira.)* Sí... *(Se sienta a la mesa.)* Eso lo decía nuestro padre.

MAURO.—¿Te acuerdas? *(Mira los retratos del foro.)* Pero ¿cómo no te vas a acordar? Aquélla fue una hermosa época..., para ti sobre todo.

ADELA.—*(Irónica)* ¿Tú crees?

MAURO.—Pues claro. Eras entonces pequeñina: diez años. ¡La edad mejor!

ADELA.—Ninguna edad es «la mejor».

MAURO.—Vamos, no te quejes. Yo me largué cuando se murió mamá; pero tú te quedaste de princesita de la casa. Y Anita fue para ti como una segunda madre hasta el día mismo de tu boda.

ADELA.—¿Por qué te fuiste?

MAURO.—Nuestro padre se llevó un disgusto tremendo, ¿te acuerdas? Pero yo estaba hecho para volar...

ADELA.—*(Melancólica.)* Volar...

MAURO.—*(Se levanta.)* Y he volado lo mío, ¿eh? ¡Y aún me quedan alas! *(Ríe. Bosteza mientras habla.)* ¡Qué bien sienta este coñac! Me serviré otra copita, con tu permiso. *(Se la escancia.)*

ADELA.—*(Mira al chaflán, y luego, sin mirar a su her-*

The part was good

mano, bajando la voz.) ¿Hace mucho que no ves a... Ferrer Díaz?

MAURO.—*(Mirándola fijo, pero con tono anodino.)* Anoche. Va a menudo al café. *(Bebe un sorbo, y va a sentarse al sofá con su copa.)* Por cierto que estaba contento el bueno de Carlitos Ferrer. Acababan de editarle en la Argentina su último libro. Todos dicen que es una cosa grande... *(Bebe.)*

ADELA.—¿Cómo se titula? *(Se levanta y va a sentarse en el brazo del sofá.)*

MAURO.—Algo así como... «Teoría de las Instituciones», o cosa parecida. (ADELA *se queda abstraída.* MAURO *la mira fijamente.)* Se me está ocurriendo, Adela..., una cosa.

ADELA.—¿Qué?

MAURO.—¿Qué te parecería si yo..., en tu nombre, le dijera a Ferrer que recomendase a tu marido?

ADELA.—*(Se levanta.)* ¡De ninguna manera! *(Pasea, agitada.)*

MAURO.—No te alteres; piénsalo.

ADELA.—Juan no quiere ni oír hablar de recomendaciones. Además, los miembros del Tribunal le conocen... Casi todos son antiguos compañeros suyos. Unos le estiman, otros no. Él ha dicho que hagan lo que les parezca, que él no les dice nada.

MAURO.—Pues en estos tiempos...

ADELA.—Pero él pertenece a otros, y en eso le aplaudo. Se ha propuesto conseguir la cátedra con absoluta limpieza... Le va el orgullo de su vida entera en este último esfuerzo.

MAURO.—¿Último?

ADELA.—Sí. Los dos sabemos que es el último. *(Se apoya en la mesa, alterada.)*

MAURO.—*(Suave.)* La oposición será reñida...

ADELA.—Ya le aconsejé yo que no la hiciese. Pensar

que pueda ganar una cátedra de esa importancia, y para la Facultad de aquí, es un puro disparate. *(Se encoge de hombros con desprecio.)* Está enloquecido. Allá él.

MAURO.—Pero ya que está en ello..., querrás que la gane, ¿no?

ADELA.—*(Baja la cabeza.)* Sí, claro. *(Se enardece y va hacia él.)* Pero no de ese modo. ¡Y menos con una recomendación de Carlos!

MAURO.—¿Porque fuisteis novios?

ADELA.—*(Mirando al chaflán.)* ¡Baja la voz!

MAURO.—*(En voz baja.)* Ferrer es ahora un prestigio. *(Se levanta y va a su lado.)* Y aunque no tenga vinculaciones oficiales ni cátedra, yo creo que el Tribunal tendría muy en cuenta una indicación suya. Yo podría decírselo..., incluso como cosa mía, sin nombrarte. Claro que él supondría de dónde venía el tiro, pero...

ADELA.—*(Le vuelve la espalda.)* ¡Sería humillante!

MAURO.—A estas alturas... ese orgullo resulta envejecido, Adela. *(Se sienta en la poltrona y bosteza.)*

ADELA.—*(Se vuelve.)* No es sólo eso. Si Juan se enterase, nunca me lo perdonaría. *(Pasea.)* Nunca, porque... nunca sabría si la habría ganado por su propio mérito... si no hubiese sido recomendado. *(Pensativa, se detiene.)* Y si, a pesar de todo, la perdiese..., ya no podría dejar de pensar que no valía para nada, puesto que ni con esa recomendación... *(Se calla, cavilosa.)*

MAURO.—¿Tú crees que la ganará sin recomendación?

ADELA.—No. No lo creo. Pero ¿quién sabe? *(Se sobresalta.)* ¡Calla! *(Se acerca al chaflán y espía.)* ¡Ah, qué nervios! Tú tienes la culpa, por venirme con esas ideas... Voy por el café. *(Le mira y advierte que se está durmiendo. Entonces va a la derecha, para salir.)*

MAURO.—*(Adormilado.)* Pues ayer... Ferrer me preguntó... (ADELA *se detiene. Un silencio.)*

ADELA.—¿Qué?

MAURO.—*(Sin abrir los ojos.)* Ferrer... ¿Qué tal va? Y yo... *(Silencio.)*

ADELA.—¿Por quién te preguntó? (MAURO *no contesta: está dormido. Ella suspira y sale. Una pausa. Suena el teléfono.* MAURO *se solivia, pero no despierta.* JUAN *aparece por el foro, con las gafas caladas y un libro en la mano, y mira a* MAURO *con disgusto.)*

JUAN.—*(Fuerte.)* ¡Mauro! (MAURO *se despierta sobresaltado y le mira con cara de estúpido.* JUAN, *con desprecio, por el teléfono.)* Será para ti. (MAURO *comprende y se precipita al teléfono.* JUAN *deja el libro sobre la mesa, se quita las gafas y coge la licorera para restituirla a su sitio, con una fría mirada a su cuñado.)*

MAURO.—*(Descuelga.)* Diga.. Dígame... *(Cuelga y se vuelve, con servil sonrisa.)* Han colgado.

JUAN.—Qué pena, ¿verdad?

MAURO.—Esto me recuerda otra cosita que tengo pendiente... Voy a apuntarla, antes de que se me olvide. *(Se sienta en la poltrona y saca de su cartera papeles, donde anota algo.)*

JUAN.—*(Con intención.)* Buenas tardes. *(Se sienta a la mesa y se cala las gafas.)*

MAURO.—*(En Babia.)* ¿Eh? *(Ríe.)* Claro. ¡Qué cabeza! Es que todavía estoy medio dormido. ¡Que no paro, chico! Discúlpame... Buenas tardes. (JUAN *se pone a leer.)* Esto del sueño es algo terrible, ¿sabes? *(Anota en sus papeles.)* A veces hay que alternar hasta las tantas... y apenas se duerme.

JUAN.—¿Y cuándo, cuándo van a dar algún fruto esos asuntos tuyos?

MAURO.—Hombre, alguno van dando, puesto que uno vive. Pero no creas: pronto voy a organizar un tinglado definitivo. Ya verás.

JUAN.—*(Seco.)* ¿El qué?

MAURO.—¡Ah!, pues en lo mío.

JUAN.—¿Y qué es lo tuyo?

MAURO.—Hombre, parece mentira que me lo preguntes. Recuerda que ya a los veinte años fui director del cuadro artístico de Industrias Reunidas. *(Confidencial.)* Ahora se trata de algo semejante, pero más serio. Yo no quería: tengo muchas otras cosas que hacer. Pero se empeñaron, ¿sabes? Les habían hablado de mi competencia...

JUAN.—¿Artística?

MAURO.—*(Ríe.)* Claro, hombre. Es que va a ser una verdadera empresa de arte. Pero bien financiada. Y yo seré el director.

JUAN.—*(Incrédulo.)* Pues que tengas suerte.

MAURO.—Gracias. *(Saca un papel de entre otros.)* ¡Qué casualidad! Esto te conviene a ti, seguro.

JUAN.—¿El qué?

MAURO.—Una suscripción a la Enciclopedia Cortina. Es la más práctica, ya lo sabes. Doce tomos, pagaderos en mensualidades de...

JUAN.—*(Seco.)* No.

MAURO.—Te advierto que la casa puede ofrecerte condiciones especiales. Para profesores se suprime la entrega inicial y...

JUAN.—¡Que no, Mauro!

MAURO.—*(Ríe.)* Bueno, ya lo pensarás. *(Breve pausa.)* Supongo que habrás aprobado el primer ejercicio. Te felicito por adelantado.

JUAN.—Aún no sé nada.

MAURO.—Hombre, el primer ejercicio creo que siempre es fácil.

JUAN.—No esta vez. El Tribunal ha decidido alterar el orden y ha puesto uno de los más difíciles. Se ve que quieren eliminar gente pronto... Hay que agradecér-

selo, en medio de todo. Así se sale antes de dudas.
Puede que me hayan eliminado a estas horas.

MAURO.—¡Qué modestia! Aprobarás ése y los que
vengan.

JUAN.—¿Tú crees?

MAURO.—Apuesto por ti, amiguito. Esa cabeza vale
mucho.

JUAN.—Gracias. *(Breve pausa.)*

MAURO.—*(Ríe.)* ¡Caramba! Aquí sale otra cosa que...
¿No te ha hablado nunca del Seguro de Capitalización
de...? *(Esgrime un papel.)*

JUAN.—*(Deja el libro con un gran golpe sobre la mesa y
se levanta.)* ¡Mauro, por favor!

MAURO.—*(Ríe.)* Bueno, bueno... Otro día te lo explicaré... *(Vuelve a sus papeles.* JUAN *va al balcón, se quita
las gafas y mira para fuera, nervioso.* ADELA *entra por la
derecha, con el servicio del café en una bandeja.)*

ADELA.—*(A* JUAN.*)* ¡Ah!, ¿estás aquí? *(Se vuelve su
marido.* ADELA *pone la bandeja sobre la mesa.* MAURO *se
precipita a guardar sus papeles y se frota las manos con
lamentable prisa, que intenta ser distinguida.* ADELA *sirve
una taza.)* Para ti, solo y sin azúcar. Toma. *(Se la tiende
a* JUAN.*)*

JUAN.—Gracias. *(Se sienta y bebe.)*

ADELA.—*(A* MAURO, *que se ha levantado y ha ido a su
lado.)* Con leche, ¿verdad?

MAURO.—Pues... *(Mira a* JUAN, *que le mira.)* Pues sí,
por favor. ¡Espera! Echaremos antes el azúcar... Es lo
suyo. *(Y echa él mismo una, dos, tres... y cuatro, sí: cuatro
cucharadas.* ADELA *echa la leche y le da la taza.)* Gracias.
¿Tú no tomas?

ADELA.—No me sienta bien. *(*MAURO *va a la poltrona,
al tiempo que entra por la derecha* JUANITO: *un muchacho
de unos diecinueve a veinte años, de fisonomía despejada y
simpática, que viste con juvenil desaliño.)*

JUANITO.—*(Sonriente, desde la puerta.)* ¿No hay para mí?

ADELA.—*(Le sonríe.)* Ya tardabas. ¿Lo quieres con un poco de leche?

JUANITO.—*(Cruza.)* Solo. Hola, tío.

MAURO.—Hola, Juanito. (JUANITO *toma la taza de manos de su madre.)* Menos mal que se te ve el pelo... Hay días en que vengo y ni siquiera te dignas salir para darle un beso a tu tío... (JUANITO *bebe su taza de un golpe.)* ¿Qué haces, insensato?

JUANITO.—¿Eh?

MAURO.—No se bebe así... Hay que saborearlo...

JUANITO.—¿Qué más da? Es un estimulante.

JUAN.—*(A* MAURO.) Estilo de chico moderno. No creas que no les gustan los buenos sabores... Pero todo lo quieren hacer aprisa. Es la edad.

JUANITO.—*(Seco.)* <u>Eso sólo significa que estamos vivos.</u>

JUAN.—*(Seco.)* ¿Qué quieres decir?

ADELA.—No vais a empezar, ¿verdad? (JUANITO *toma el periódico y se retira hacia el foro, molesto, hojeándolo.)*

JUAN.—*(Irónico.)* Si no hay nada que empezar, mujer... Esto empezó ya hace mucho tiempo. Lo que me pregunto es por qué empezó.

ADELA.—Bueno; déjalo estar ahora. *(Va a recoger la taza de* MAURO.) ¿Quieres más?

MAURO.—No, gracias. *(Cabecea, <u>adormilado.)</u>*

ADELA.—*(Vuelve a la mesa. A* JUAN.) ¿Quieres tú otro poco?

JUAN.—No, gracias. Me iré a trabajar.

ADELA.—¿Quieres otra taza, hijo?

JUANITO.—No, mamá.

ADELA.—*(Arregla las tazas sobre la bandeja.)* Entonces, me lo llevo.

JUAN.—*(Se levanta.)* Y yo me vuelvo al despacho.

JUANITO.—*(Se interpone en su camino.)* Espera, padre... Precisamente, quería decirte... Mejor dicho: quería pedirte un favor. (ADELA, *que levantaba ya la bandeja, la vuelve a dejar.)*

JUAN.—Tú dirás.

JUANITO.—Y a ti también, mamá... Tienes que ayudarme a convencerle.

ADELA.—¿De qué se trata?

JUANITO.—Pues... Pero siéntate, padre.

JUAN.—*(Lo hace.)* ¿Tan largo va a ser?

JUANITO.—No, pero... *(Intrigada, ADELA se sienta también.)* Verás. Me han ofrecido una beca de tres meses.

ADELA.—*(Inquieta.)* ¿Una beca?

JUANITO.—*(Se sienta entre los dos y deja el periódico.)* Para el extranjero. Si la pido, me la conceden; me lo han prometido. Es poca cosa, pero yo ya me las arreglaría. Iría a los Albergues de la Juventud, que son muy baratos.

JUAN.—¿Qué es eso?

JUANITO.—*(Con un movimiento de impaciencia.)* Todos los países los tienen; es un convenio internacional. Aquí también los hay.

ADELA.—Pero, hijo...

JUANITO.—No creas que iba a perder el tiempo. Me llevaría mis apuntes, estudiaría. Y, además..., respiraría un poco. Lo necesito. *(Baja la cabeza.)* Todos mis compañeros salen cada verano. Me estoy quedando atrás... Y, sobre todo..., que aquí me ahogo. *(Una pausa. Los dos esposos se miran, perplejos.)* ¿Me dejas ir, padre?

JUAN.—*(Indeciso, agitado.)* Eres un egoísta.

ADELA.—¡Juan!

JUAN.—¡Tú tampoco quieres que se vaya! *(Se levanta y pasea.)*

ADELA.—No, pero...

JUAN.—Es un egoísta. No le importa nada el esfuerzo

que estoy haciendo... para todos; no le interesa saber si voy bien o mal; no quiere comprender que vivo unos días muy difíciles; sólo le interesan sus cosas, como siempre.

JUANITO.—Creo que te lo tomas muy a pecho por sólo tres meses.

JUAN.—¿Estás seguro de que sólo serían tres meses? De más de un compañero tuyo sé que no ha vuelto. ¡Atrévete a afirmar que no lo has pensado!

ADELA.—*(Asustada.)* ¿Has pensado eso, hijo?

JUAN.—Claro que sí. ¿Estás ciega? Se lo noto desde hace tiempo. Se encuentra desarraigado, como muchos otros. Y quiere ser más que nadie. Más que su padre, más que...

JUANITO.—¿Es ahí donde te duele?

JUAN.—*(Se acerca, amenazante.)* ¡Calla, descastado! Quieres ser más que nadie, y más que tus amigos también. Fulano no ha vuelto; Mengano escribe que está en Jauja. Y tú te pones a soñar con Jauja y con no volver, por no ser menos que ellos. No tienes tú la culpa. Te han mimado demasiado. Pero ya eres un hombrecito y tendrás que aprender que todo el monte no es orégano y que no te puedes permitir todos los caprichos que quieras.

JUANITO.—No creo que hasta ahora haya podido permitirme muchos.

JUAN.—*(Colérico.)* ¿Es un reproche? Te estoy dando más de lo que puedo darte: hasta mi misma carrera. *(JUANITO va a contestar.)*

ADELA.—¡Cállate, hijo! *(MAURO no pierde palabra; pero, con sus papeles, procura hacerse el desentendido.)*

JUAN.—*(Pasea.)* No te irás. Así aprenderás, por lo menos, a no plantear las cosas cuando no son oportunas. *(JUANITO se levanta y va, rápido, hacia la derecha.)* ¡Espera! *(JUANITO se detiene. Con tono más dulce.)*

Espera... *(Se acerca a él, entristecido, y le pone una mano en el hombro.)* No sé por qué tiene que ser siempre entre tú y yo el disgusto. Tampoco tu madre quiere... Tienes que comprenderlo. A todos nos costaría mucho dejar de verte... Y a mí mismo, en estos días... *(Se interrumpe y suspira.)* En fin... *(Deja caer su brazo, cansado de una explicación que juzga inútil, y se va lentamente por el foro, después de recoger su libro y sus gafas. ADELA se levanta y va a abrazar a JUANITO.)*

ADELA.—Tienes que disculparle, hijo. Está nervioso.

JUANITO.—¿Por qué no me has ayudado?

ADELA.—Él mismo te lo ha dicho. No era oportuno, ahora que está pendiente de su oposición.

JUANITO.—La perderá. Es un adocenado.

ADELA.—¡Calla!

JUANITO.—Un triste encargado de curso. Y ahora, casi en la vejez, se empeña en ganar una cátedra. ¡Es ridículo!

ADELA.—No hables así.

JUANITO.—Tienes que ayudarme, mamá. No quiero retrasarme definitivamente, como le ocurrió a él. Todos los días piden el pasaporte cientos de muchachos. Necesitan respirar, como yo. Volar...

ADELA.—*(Melancólica.)* Volar...

MAURO.—Yo también lo quise a su edad... Es lógico...

JUANITO.—Tú no puedes querer que me ahogue aquí. Tú no puedes quererme mal. Tú no eres una madre chapada a la antigua, tú eres comprensiva...

ADELA.—Ya veremos, hijo. Más adelante...

JUANITO.—Pero ¡más adelante perdería la beca! *(JUAN vuelve a aparecer en el foro. Callan, inmutados.)*

JUAN.—*(Avanza, colérico.)* Ni tú, ni tú, tendríais el menor interés...

ADELA.—Pero, Juan, ¿otra vez?

JUAN.—¡No sabes lo que voy a decir! Quería decir que ni tú ni Juanito tendríais el menor interés en hacer desaparecer el encendedor de plata de mi mesa. ¿O lo habéis cogido vosotros?

ADELA.—¿Nosotros?

JUAN.—¡Claro que no! *(A* MAURO.*)* ¡Luego has tenido que ser tú!

MAURO.—*(Se levanta convertido en la Inocencia ultrajada.)* ¿Yo? ¡Si no he entrado en tu despacho!

JUAN.—¡Hoy, no! Pero ayer sí. ¡Entras cuando se te antoja! Como la casa es tuya, ¿no? *(Le coge por las solapas.)* Pero ¡entérate de una vez de que las cosas de la casa no son tuyas!

MAURO.—¡Vamos, es inaudito! ¡Voy a ser yo quien se lleva todo lo que se pierde!

JUAN.—¡Porque lo eres! ¡Porque eres un...!

ADELA.—¡Juan! *(Suena el teléfono.* JUAN *suelta a* MAURO *y va a tomarlo de mala gana.* MAURO *se alisa el traje. Murmura.)*

MAURO.—¡No se puede tolerar cómo está este hombre!...

JUAN.—*(Al teléfono.)* ¡Diga! *(Le cambia la expresión.)* ¡Hola, Garcés! Dime... ¡Magnífico!... Gracias, hombre. Muchas gracias... ¿Cuántos?... ¡Caramba! Eso sí que es un triunfo, ¿eh? *(*ADELA *ha comprendido y se aparta hacia el balcón.)* Pues yo también a ti te felicito... ¿Para cuándo el segundo?... ¿Mañana, a las nueve? Bueno, no importa demasiado: es la Memoria y ya la tengo hecha. Sí, dime... No te apures, hay tiempo. Y, si quieres, te llevo yo mañana los apuntes... Claro, hombre; para eso estamos. Competencia, pero leal... De nada, de nada... Pues hasta mañana, y enhorabuena otra vez. Adiós. *(Cuelga sonriente.)* He aprobado el primer ejercicio. Han eliminado a diecinueve. Quedamos cinco. *(Lo ha dicho mirando a su mujer y a su hijo.)*

MAURO.—*(Risueño.)* Un resultado muy halagador... Para eso hay que valer mucho... ¡Mi más sincera enhorabuena! *(Breve pausa. A* JUAN, *pendiente de los suyos, se le va yendo la sonrisa.)*

ADELA.—*(Reacciona y le sonríe.)* Me alegro mucho.

JUAN.—Gracias. *(Su fisonomía se ensombreció de nuevo. Mira a su hijo, pero éste no sabe mentir.)*

JUANITO.—*(Seco.)* Te felicito. *(Y sale rápido por la derecha.* JUAN *suspira y va a salir, cansado.* MAURO *elude su mirada.)*

JUAN.—*(Desde el foro los mira a los dos.)* Recuerda lo que te dije antes, Adela. No quiero llevar la cosa más adelante, pero... *(Señalando a* MAURO *con la cabeza.)* procura resolvérmela tú. *(Sale.* MAURO *se sienta en la poltrona.* ADELA *le mira disgustada.)*

ADELA.—¿Por qué haces esas cosas, Mauro?

MAURO.—¡Si no he sido yo, Adela! Ya verás cómo aparece en cualquier rincón.

ADELA.—No sé cómo decírtelo... Ya ves lo nervioso que está. Me ha rogado que, al menos estos días..., procures no aparecer por aquí.

MAURO.—Yo creo que no es más que un pronto de los suyos... Ya lo conoces.

ADELA.—*(Estalla.)* ¡Por favor, no me lo hagas más difícil!

MAURO.—Bien... Se hará como tú dices. (ADELA *suspira y va a sentarse junto a la mesa.* MAURO *mira su reloj.)* Me tengo que ir... Me esperan en el café. Puede que me encuentre a Ferrer Díaz; a veces va por la tarde... *(La mira y se acerca.)* Aunque Juan me haya insultado, no se lo tengo en cuenta. Creo que hay que ayudarle. ¿Quieres que le hable a Ferrer?

ADELA.—*(Débil.)* No. (MAURO *se encoge de hombros y va a volver a la poltrona.)* Oye..., ¿por quién te preguntó ayer Ferrer?

MAURO.–¿Qué dices?

ADELA.–Hablabas de eso antes, adormilado.

MAURO.–¡Ah!... *(La considera)* Me preguntó por ti. *(Ella le mira con vivísimo interés.)* Que cómo estabas... que qué tal te iba...

ADELA.–Preguntas de cortesía, ¿no?

MAURO.–Yo no diría eso. Parecía realmente interesado. Y cuando le expliqué que no eras feliz...

ADELA.–¿Eso le dijiste?

MAURO.–Perdona si hice mal. Se me escapó. Y él... parecía apesadumbrado.

ADELA.–¿Y qué más?

MAURO.–No pasamos de ahí. *(Un silencio. Un par de gorjeos aislados llegan desde la lejanía por el balcón.)*

ADELA.–Escucha. Ya empiezan a cantar los pájaros. *(Se levanta y va hacia el balcón.)*

MAURO.–Sí... *(Se acerca.)* Oye, Adela: aunque sólo sea mañana, me va a ser imprescindible venir. Espero una llamada muy importante, y tú no puedes contestarla por mí... yo procuraré venir sin que lo note Juan. ¿Me dejas? *(Algún otro gorjeo, al que se suman poco después otros. Lentamente van menudeando hasta el final de la acción.)* Anda, sé buena... Di que sí.

ADELA.–*(Débil.)* Mañana solamente.

MAURO.–Descuida. *(Vuelve, rápido, a la poltrona para recoger su carpeta.)*

ADELA.–*(Que ha vuelto, despacio, su cabeza hacia el chaflán.)* Calla... ¿No oyes algo? *(Da unos pasos.)*

MAURO.–No. *(La cortina del chaflán se mueve y entra* ANITA *con los ojos bajos.* ADELA *suspira, nerviosa, y retrocede un paso.* ANITA *es una mujer cercana a los cincuenta años, envejecida y de expresión ausente. Pobremente vestida con un trajecillo casero, quizá no muy aseada, con mal peinadas greñas que rodean su cara marchita. Por un momento permanece junto al chaflán sin mirar a nadie, y luego avanza con los ojos bajos hacia el primer término.* MAURO *se acerca al verla y, a su paso, la toma de una muñeca.)* ¿Cómo estás, Anita? *(Ella se detiene, sin responder.* ADELA *no la pierde de vista.)* ¿No me dices nada? *(Ha abandonado su muñeca y le pasa suavemente la mano por los cabellos.* ANITA *lo soporta con un leve encogimiento evasivo, tras el que, de pronto, rompe a andar de nuevo y sale por la derecha.)*

ADELA.—*(Avanza, con los ojos fijos, tras ella.)* Va al cuarto de mi hijo.

MAURO.—Veo que se obstina en no soltar palabra...

ADELA.—Juanito es el único que la humaniza algo... A veces logra hacerla reír con sus salidas, y hasta decir alguna que otra frase. Le adora...

MAURO.—*(Va a la mesa, mirando a su hermana con curiosidad.)* ¿La ha visto algún otro médico?

ADELA.—*(Se vuelve.)* Prefiero que no la atormenten más. Además, sería inútil..., porque lo suyo no es locura.

MAURO.—Desde luego, puede que se trate sólo de un carácter débil, propicio a rarezas... Alguno de ellos lo dijo así, ¿no? *(Se sienta.)*

ADELA.—Sí.

MAURO.—Pero, a veces, te hace dudar.

ADELA.—A mí, no.

MAURO.—¿En qué te basas?

ADELA.—Sé lo que me digo. Lleva ocho años a mi lado: desde la muerte de nuestro padre. La conozco bien. *(Cruza.)*

MAURO.—Pero ya entonces se encontraba rara... Yo diría que incluso desde antes.

ADELA.—Cuando se quedó sola con él no se distraía mucho... Luego murió y aumentó su tristeza. Era lógico. *(Se sienta a la mesa.)*

MAURO.—Algo más que tristeza... Era incapaz de

valerse por sí sola. La prueba es que te la tuviste que traer.

ADELA.—Era mi hermana. Menos mal que Juan la tolera bien. *(Suspira.)* Ocho años...

MAURO.—*(Bosteza sin ruido.)* Por lo menos, te has portado bien con los hermanos, y de eso debes estar satisfecha. Otras no lo habrían hecho.

ADELA.—A veces me pregunto el porqué de todo esto.

MAURO.—¿De qué?

ADELA.—Yo era una muchacha llena de ímpetu, de alegría... Me he convertido en una mujer triste, cansada y temerosa.

MAURO.—¿Temerosa?

ADELA.—Los años pasan y noto que todo me va aplastando... sin que yo pueda hacer nada, ¡nada!, para evitarlo. Quizá sea una ley general y haya que aprender a resignarse. Pero ¡yo no sé resignarme!... Y me siento estafada, y tengo miedo.

MAURO.—¿A qué?

ADELA.—A hundirme del todo. *(Baja la cabeza. Un silencio. Gorjeos. Levanta la cabeza y sonríe.)* ¿Los oyes? Parece una tontería, pero me consuelan de muchas cosas... *(Se levanta y va al balcón.)* Me distrae observarlos... Me calma.

MAURO.—¿Los pájaros? *(Va a la poltrona para recoger su cartera. Lo piensa mejor, bosteza y se sienta.)*

ADELA.—Como el parque está cerca, se llena el cielo de ellos cuando cae la tarde. Cantan, giran... Óyelos. No tardarán en venir muchos más. Entonces pían como locos... *(Un silencio. Los gorjeos de los pájaros, que fueron poco a poco menudeando desde que se oyeron, muy espaciados, los primeros, son ahora frecuentes.* ANITA *reaparece por la derecha y mira a su hermana, que sigue vuelta hacia el balcón.* MAURO *observa a* ANITA, *que se acerca en silencio a* ADELA *y mira al cielo tras ella.* ADELA *nota algo y se vuelve despacio. Levísimo movimiento de aprensión al ver a su hermana, que sigue mirando sin hacerle caso y sonríe un instante al escuchar los gorjeos, que menudean. Después baja la cabeza, se vuelve y da unos pasos hacia el foro.* ADELA *va tras ella.)* Anita... (ANITA *se detiene sin mirarla, y ella llega a su lado.)* ¿No saludas a Mauro? *(Con una mirada furtiva a su hermana, se separa* ANITA *y va a ojear, trivial, el periódico sobre la mesa.)* ¿Has estado con Juanito? *(La fisonomía de* ANITA *se ilumina.)* ¡Dinos qué te ha contado!

MAURO.—*(Oficioso.)* ¿Qué te ha dicho, Anita, qué te ha dicho? (ANITA *le mira y sonríe abiertamente. Parece que va a reír, a iniciar un relato. Pero la sonrisa desaparece. Vuelve a mirar a su hermana, recoge el periódico y va hacia el chaflán con exprexión impenetrable, desapareciendo tras la cortina. Entonces* ADELA *va al chaflán para comprobar si cerró la puerta; está cerrada. Por un instante queda junto a ella, turbada. Los gorjeos son ahora muy numerosos.* MAURO *da una cabezada y se despabila.)* ¿Qué decías antes de los pájaros?

ADELA.—*(Reacciona.)* Oye cuántos hay ahora. *(Avanza.)* Me encantaban ya cuando era pequeña. Después de jugar, por las tardes, me sentaba a mirarlos... Me parecía que también yo, cuando fuera mayor, sería como ellos, libre y alegre. *(Sonríe.)* Qué decepción, ¿verdad? *(Mira al balcón.)* Pero ellos no han cambiado. Vuelven todas las tardes, alegran la casa y resucitan mi alma de niña. *(Va hacia el balcón.)* Y entonces me olvido de todo, y me parece como si aún tuviese esperanza... Míralos. No son como nosotros: vuelan. Luchan por sus hijos; a veces, caen bajo la garra de sus enemigos... Pero vuelan. Les sobra siempre vida para despedir al sol en medio de una borrachera de cantos. Celebran su fiesta delirante. Son la alegría del aire. El gozo de la vida sin trabas. ¡Mira cómo giran, y vuelven, y se persiguen! ¡Mira aquellos dos cómo se buscan! ¡Y allí otros dos!... Juegan a emparejarse... Son felices... *(Retrocede un poco para apoyarse en la mesa, sin dejar de mirarlos con ojos extasiados. Hace tiempo que* MAURO *no la escucha: ha vuelto a rendirle el sueño. El sonoro escándalo de gorjeos invade la habitación durante unos segundos.)*

TELÓN

CUADRO SEGUNDO

Al día siguiente. Media tarde. En la mesa almorzaron dos personas, y todavía no se ha levantado el mantel. Platos, cubiertos, copas a medio beber

(Sentada en la poltrona, ADELA lee un libro, en el que no logra concentrarse. Se oye, muy bajito, la radio. Es una musiquilla lánguida, que se filtra por el chaflán, y que obliga a ADELA a levantar la cabeza y a escuchar con aire turbado. Llega el golpe lejano de la puerta del piso. ADELA mira al foro, se levanta y avanza unos pasos, intrigada. Por la izquierda del foro aparece JUAN, vestido de calle, con una cartera de cuero bajo el brazo.)

ADELA.—¿Tú?

JUAN.—*(De mal humor.)* Ya lo ves. *(Tira la cartera sobre la mesa, va al balcón, lo abre.)*

ADELA.—¿Ha pasado algo?

JUAN.—No.

ADELA.—Como avisaste de que no vendrías hasta la cena...

JUAN.—Quería esperar el resultado con Garcés. He comido con él porque nos dijeron que este ejercicio lo calificarían pronto; que hacia las cinco darían la lista.

ADELA.—Pronto serán las cinco.

JUAN.—Ya lo sé. Pero me aburría y me vine. *(Cruza y se desploma sobre la poltrona.* ADELA *va a dejar el libro en la estantería. Él se lo toma.)* ¿Qué leías?

ADELA.—Cualquier cosa. Por pasar el rato. *(Mete el libro en la estantería y se recuesta en un brazo de la poltrona. Breve pausa)* ¿Te han eliminado?

JUAN.—¿Cómo te voy a decir que espero la llamada de Garcés? *(Se levanta para volver al balcón.)* Pero no creo que eliminen hoy a nadie. Era un ejercicio de protocolo: la presentación y explicación de la Memoria pedagógica.

ADELA.—¿Por qué no has esperado a la lista entonces?

JUAN.—*(Se vuelve airado.)* ¡Porque tenía miedo! ¿Es eso lo que querías que dijera?

ADELA.—Pero, Juan, yo sólo quiero saber...

JUAN.—*(Más calmado.)* Me dan muy mala espina estas prisas por calificar las Memorias. Temo que... quieran hacer... alguna barrabasada. *(Mira su reloj.)* En fin, hay que esperar... *(Pasea.)* ¿Cómo no has recogido la mesa?

ADELA.—No tenía humor para nada. Estaba intranquila.

JUAN.—*(La mira.)* ¿Por mí?

ADELA.—Pues claro. *(Breve pausa.)*

JUAN.—Acabas de decirme una cosa muy agradable... *(Va a sentarse al sofá.)* Quizá lo que pasa siempre es que nos sobra suspicacia. Nos vamos hundiendo en el silencio y acabamos por pensar mal los unos de los otros. Estabas intranquila por mi suerte, y, sin embargo... Ya ves: cada vez que voy a la Facultad desearía que me dijeses algo que se me antoja muy natural... y que nunca me dijiste.

ADELA.—¿El qué?

JUAN.—Pues... pensaba que podías decirme: Telefonéame en cuanto termines, con tu impresión. *(Ella le mira, sonriente.)* Lo pensaste, ¿verdad? Pero no lo decías.

ADELA.—Tampoco tú eres muy locuaz...

JUAN.—Tampoco. Los dos mantenemos nuestras cartas boca abajo en vez de enseñarlas... y, poco a poco, se malea el juego. (ADELA *se levanta y va a cruzar.)* Ven aquí. (ADELA *va a su lado.)* Siéntate. *(Ella lo hace y él la estrecha suavemente contra sí.)* Puede que me hayan eliminado... No lo sé. Pero si probáramos en adelante a... levantar algunas de esas cartas que no enseñamos..., no me importaría demasiado.

ADELA.—No te pongas en lo peor... Aún no sabemos nada.

JUAN.—No me has contestado.

ADELA.—¿A qué?

JUAN.—¿Lo ves? Otra vez las evasivas. Nuestra unión parece una lucha sorda.

ADELA.—No lo es.

JUAN.—Como si lo fuese... Y ahora, peor que antes. Porque antes, al menos, eras más franca.

ADELA.—¿Cuándo?

JUAN.—En mis dos primeras oposiciones. Las seguiste como si fueran tuyas, me animabas frenéticamente...

ADELA.—Ya ves cómo no había ninguna lucha.

JUAN.—Sí la hubo. Al perderlas no me ahorraste ni tu desdén ni tus reproches. Pero quizá era preferible eso a lo que ocurrió en la tercera que hice. Entonces ya no reclamabas noticias, ni me reprochaste nada. Era la indiferencia.

ADELA.—No.

JUAN.—Pues lo parecía... *(Grave.)* Como lo viene pareciendo ahora, en la cuarta. *(Baja la cabeza.)* Y eso es duro para mí, Adela. Porque yo... *(Vacila, conmovido.)* Yo... *(Ella mira al chaflán. La música cesó durante las anteriores palabras. Un silencio.* JUAN *levanta la cabeza y la mira. Su fisonomía se endurece.)*

ADELA.—Ha apagado la radio.

JUAN.—*(Seco.)* Sí. *(Mira a la mesa.)* ¿Tampoco ha comido hoy con vosotros?

ADELA.—*(Deniega.)* Juanito intentó convencerla, pero no lo consiguió. ¿No estará tras la cortina?

JUAN.—La habríamos oído.

ADELA.—A veces no se la oye.

JUAN.—*(Seco.)* Estará trabajando en el jersey para el chico. (ADELA *se levanta y da un paso hacia el chaflán. Él la interpela con fuerza.)* ¿Qué vas a hacer? *(Ella se sobresalta y se detiene.)* Te estaba hablando de otras cosas... No me has escuchado. ¿Qué te pasa? *(Suena el teléfono. Él se asusta a su vez. Se miran.)* Garcés.

ADELA.—¿Quieres que lo tome yo? (JUAN *deniega y va al teléfono. Al fin, se decide a tomarlo. Ella se acerca, interesada.)*

JUAN.—Diga... *(Mirando a su mujer.)* Hola, Garcés. *(Se le ilumina la cara.)* ¡Vaya! Respiro... Me había llegado a inquietar esa historia de la calificación inmediata. *(Ríe.)* Gracias, hombre... *(Frunce las cejas.)* ¡Ah! ¿Dos eliminados? Entonces era cierto... Fresneda; no me extraña. No es de muy buen gusto eliminarle por la Memoria, pero se lo merece... Aunque sólo sea por lo recomendado que iba. A ver si es verdad que esta vez quieren hacer justicia nuestros «amigos» del Tribunal... Claro. Pero, entonces, ¿quién es el otro?... ¿Cómo? *(Consternado, mira a su mujer.)* Sí... Sí... *(Triste.)* No sé qué decirte... ¡No te preocupes, ya me devolverás los apuntes más adelante!... ¡No, no te desanimes! ¡Hay que esperar a otra, qué diablos! ¿Eh?... No, hombre, no se me olvida. Mañana a las diez. Gracias... De verdad que lo siento, Garcés. De verdad... Sí, claro, alguien tenía que ser, pero... ¡Ojalá!... Adiós. *(Cuelga.)* Nuestros «amigos» del Tribunal le han èliminado. Para él, un golpe terrible, porque vale. *(Suspira.)* Es una excelente persona; no ha olvidado avisarme para el tercero. Ése es sencillo, pero él ya no lo hará. *(Sonríe con tristeza, va a la mesa y se apoya en una silla.)* Ya ves qué contrasentido: es un rival menos·y me duele como si fuera yo mismo... *(Baja la voz.)* Y es que, en cierto modo, era yo mismo. Porque él y yo éramos los únicos... mayores que quedábamos después de la primera eliminatoria. Ahora me voy a sentir mucho más solo en la Facultad... Quedan los dos rivales más peligrosos y son gente de otra hornada. (ADELA *se acerca y le abraza. Él la besa.)* Preveo que el Tribunal tiene ya su candidato. Mañana veré qué se dice por los pasillos...

ADELA.—No lo pienses más. Lo importante es que has salido de ésta. *(Se desprende y empieza a hacer una pila con los platos para llevárselos.)*

JUAN.—*(Enciende un cigarrillo.)* Sí, desde luego. *(Va a salir por el foro. Se detiene.)* Gracias por haberle hablado a Mauro. Ya veo que hoy no ha venido.

ADELA.—Verás... No me dio tiempo de decirle nada. *(Deja los platos.)*

JUAN.—*(Frunce las cejas.)* ¿Cómo?

ADELA.—Me costaba trabajo... Hazte cargo... Pero se lo diré hoy..., si viene.

JUAN.—*(Molesto.)* Claro que vendrá. *(Y sale por la derecha del foro. Una pausa.* ADELA *mira al chaflán y se acerca despacio a él. Ya allí, descorre súbitamente la cortina,* ANITA, *en pie tras ella, la mira.* ADELA *retrocede unos pasos.* ANITA *va a la poltrona y se recuesta en ella con los ojos bajos.)*

ADELA.—Lo sabía... Te equivocas si crees asustarme con esas tretas. (ANITA *la mira fijamente, desvía la vista y suspira.* ADELA *va a su lado.)* ¡No, por favor! No te hagas la mártir. La mártir soy yo, y tú lo sabes de sobra.

Todo me ha salido mal; quisiera al menos descansar, y no puedo. No quieres tú dejarme. Pero ¿por qué? Me parece que no soy tan mala contigo. Tuve que vencer la resistencia de Juan para traerte con nosotros, y te atiendo y procuro darte todos los gustos..., sin recibir otro pago que tu silencio. *(Le aferra el brazo, y* ANITA *se vuelve, asustada, a mirarla.)* Un silencio premeditado, porque tú no estás loca. *(La suelta, agitada.)* Estás... resentida. (ANITA *desvía súbitamente la mirada.)* Con los nervios rotos, como yo. Es cosa de familia, acuérdate... *(Señala a los retratos del fondo.)* Papá era igual. Y Mauro. *(Cruza hacia la mesa. Se vuelve.)* Todos estamos un poco desquiciados. ¡Pero locos, no! No. (ANITA *se incorpora y va hacia ella con la vista baja.* ADELA *dulcifica su tono.)* Y por eso espero todavía que alguna vez seas humana conmigo... que accedas a conversar y a franquearte, como a veces haces con Juanito..., hermana. *(Le pone una mano en el hombro.* ANITA, *que había apoyado las manos en la mesa, se evade y toma la pila de platos. Con aire humilde, se dispone a irse. La fisonomía de* ADELA *se endurece; da unos pasos y la detiene.)* ¡Deja eso! *(Le recoge los platos para volverlos a la mesa.)* Ya sé que otras veces ayudas; pero ahora no te lo paso. Si la mesa está como está, no tienes tú por qué reprochármelo. Demasiado bien llevo la casa para el poco dinero que aquí entra... (ANITA *la mira con ojos de asombro y un levísimo gesto de negación.)* ¡No digas que no! Tu actitud era un reproche más, como siempre. *(Se miran.* ADELA *sufre un repentino cansancio y se sienta, suspirante, tras la mesa.* ANITA *se separa un poco hacia la derecha. A sus espaldas,* ADELA *le envía una penosa mirada. Se oye el golpe lejano de la puerta del piso.* ANITA *se vuelve hacia el foro, con la cara alegre.* ADELA *mira también. Breve pausa. Por la izquierda del foro entra* JUANITO, *con un par de libros en rústica bajo el brazo.)*

JUANITO.—*(Alegre.)* ¿Qué hay? (ANITA *va hacia él.* JUANITO *deja los libros sobre la mesa y besa a su madre.)*

ADELA.—Vaya..., ¿Vienes a hacernos compañía esta tarde?

JUANITO.—Me voy en seguida. El tiempo de dejar estos libros y de coger otro que voy a prestar... *(Mira de reojo, con sorna, a* ANITA, *que le sigue sonriente y expectante.)* Y de darle un beso a la tía..., *(Le toma la barbilla y la besa.)* que lo estaba esperando... *(Ríe. En broma, arruga las cejas.)* ¿Cómo? ¿Con los brazos cruzados? *(La amenaza con el dedo.)* ¿Cuándo va usted a terminar el jersey? Estoy deseando saber para quién es... (ANITA *desvía la mirada, seria. Él la abraza.)* ¡Mira qué a pecho lo toma!... (ANITA *le sonríe, evasiva.)*

ADELA.—¿Por qué no te sientas un poco? No paras.

JUANITO.—A usted también va a haber que reñirla... ¿Qué hace la mesa así a estas horas? Pero me viene de perilla. *(Toma una copa de vino casi llena y se la bebe. Sin dejar de escucharle,* ANITA *vuelve a tomar la pila de los platos. Repara entonces en los libros que dejó* JUANITO *sobre la mesa y su expresión cambia. Toma uno, lee la portada; mira el otro. Entretanto:)*

ADELA.—*(Intrigada.)* ¿Qué te pasa a ti hoy?

JUANITO.—¡Chist! Grandes novedades. *(Busca los libros.)* ¿Me dejas? *(Se los toma a* ANITA *y se los tiende a su madre.* ANITA *no los pierde de vista.)* Mira.

ADELA.—*(Lee, turbada.)* Ferrer Díaz... (ANITA *coge la pila de platos y va, despacio, hacia la derecha. Tras detenerse un momento junto a la cortina, sale.* ADELA *la mira salir. Entretanto,* JUANITO *se sienta, presuroso, junto a su madre.)*

JUANITO.—Me he gastado todos mis ahorros. Los libros están caros ahora. Tendrás que darme unos durillos.

ADELA.—*(Mirando los libros.)* Bueno, hijo.

JUANITO.—En realidad, los he comprado para ti tanto como para mí.

ADELA.—*(Con una involuntaria mirada a la derecha.)* Calla.

JUANITO.—*(Se los quita de la mano para dejarlos en la mesa.)* Son muy difíciles de encontrar, ¿sabes? Al librero sólo le quedaban éstos por verdadera casualidad. Y ahora, prepárate, porque aún no te he dicho lo más gordo.

ADELA.—¿El qué?

JUANITO.—*(Baja la voz.)* Dentro de seis días, el martes de la semana que viene..., le voy a conocer.

ADELA.—¿A Ferrer Díaz?

JUANITO.—Queremos ir a su casa unos cuantos estudiantes y es el día que nos conviene a todos. Naturalmente, le llevaré los libros para que me los dedique. *(Su madre le mira, conmovida.)* Te lo juro, mamá: estoy emocionado. (ADELA *le pone, cariñosa, la mano en el hombro.)*

ADELA.—Lo comprendo.

JUANITO.—Me acuerdo de cuando te hablé de él por primera vez. Entonces su nombre apenas te sonaba. Lo recordabas vagamente, como a un antiguo compañero de mi padre o como un nombre que se lee en los periódicos... *(Ríe.)* Y ahora le admiras casi más que yo.

ADELA.—*(Sonríe.)* Es que tú eres muy convincente. *(Se levanta.)*

JUANITO.—Y, sin embargo, fíjate qué curioso: siempre he tenido la impresión de que la primera vez que oí hablar de él fue a ti.

ADELA.—*(Se yergue.)* ¿A mí? (ANITA *aparece sigilosa por la derecha y escucha recostada en el quicio.* ADELA *la mira y cruza hacia el fondo.)*

JUANITO.—Parece un recuerdo de niño. Sin duda es falso, pero lo veo con mucha nitidez.

ADELA.–Seguro que te equivocas. (ANITA *cruza y recoge, en una bandeja que traía, botella, jarra, vasos y copas.*)

JUANITO.–Claro. Pero te veo aquí mismo, frente al balcón, con aire triste... Yo entro y me llamas. Me besas. Y dices: «¿Verdad que sí? ¿Que tú serás otro...?»

ADELA.–*(Nerviosa, le interrumpe riendo.)* Y pronuncio su nombre, ¿no?

JUANITO.–Sí.

ADELA.–Lo has soñado. (ANITA *la mira de reojo y cruza, saliendo con su carga por la derecha.*)

JUANITO.–*(Grave.)* Es posible... Un sueño posterior donde se muestra lo que yo creo que tú quieres...

ADELA.–Sobre todo, lo que tú quieres llegar a ser.

JUANITO.–*(Asiente.)* Y lo que quiero llegar a ser.

ADELA.–*(Avanza.)* Llévate pronto esos libros a tu cuarto. Que no los vea tu padre. *(Empieza a recoger el mantel y deja los libros sobre el hule.)*

JUANITO.–Descuida. *(Se levanta.)*

ADELA.–Ha aprobado el segundo ejercicio. No te olvides de felicitarle.

JUANITO.–Lo haré. Pero tú tienes que prometerme otra cosa.

ADELA.–¿Qué cosa?

JUANITO.–Tienes que ayudarme a convencerle de que me deje hacer el viaje. (ADELA *se sienta, perpleja.*) ¡No querrás que me consuma aquí, que me convierta en otro mediocre auxiliar de cátedra!... *(Pasea.)*

ADELA.–*(Triste.)* ¿Lo ves? No hablas como si se tratase de unos meses, sino de una ausencia de años. En el fondo, es lo que deseas. Y esta casa, sin estar tú, acabará por caérsenos a todos encima... Por caérseme encima.

JUANITO.–*(Le pone las manos en los hombros.)* Pero luego, dentro de unos años, será distinta. Yo la sabré

hacer alegre para ti. Tú todavía serás una madre joven y guapa, y estarás orgullosa del prestigio de tu hijo, el joven y eminente profesor. *(Ríe.)* ¡Vamos, sueña conmigo! ¡Los sueños se realizan si se piensa mucho en ellos! *(Se sienta a su lado.)* Imagínatelo... Nos sentiremos libres y gozosos, como esos pájaros que a ti te gustan tanto. Y un día invitaremos al profesor Ferrer, y reiremos los tres juntos, comentando estos tiempos en que tú y yo leíamos sus libros casi a escondidas... *(Se calla de pronto, serio. Un silencio mortal. Su madre se levanta de su sitio y va hacia el fondo. Se vuelve, mirando a su hijo con ojos angustiados e hipócritas.* JUANITO, *que bajó la cabeza, la mira un segundo, inquieto. Al fin puede tartamudear:)* No... No he pensado nada malo... Yo... *(Mirada involuntaria hacia el foro.)* Es natural... *(Se muerde los labios. Se miran con una punta de horror en los ojos: cómplices.* ADELA *vuelve la cabeza, turbada.* JUANITO *también.* ANITA *reaparece y cruza sin mirarlos, para recoger el mantel y las servilletas. ¿Ha oído algo? Cruza de nuevo y sale. Madre e hijo no se atreven a mirarse. Timbrazo lejano.* JUANITO *se levanta para acudir.)*

ADELA.—Deja. Yo iré. *(Y sale, con los ojos bajos, por la izquierda del foro.* ANITA *vuelve a entrar, mirando a* JUANITO. *Llega a su lado; le abraza, acaricia y besa con piadosa ternura.)*

JUANITO.—No me beses, tía. *(La aparta suavemente.)* Acabo de soñar un sueño donde alguien estaba muerto ya... Y lo más terrible es que no siento ningún remordimiento. (ANITA *vuelve a besarle.)* No soy más que un niño mal criado. Pero ¿por qué soy así? *(La mira. Ella también, como si quisiese que él continuase su pensamiento.* MAURO *y* ADELA *entran por la izquierda del foro, y* ANITA *se aparta con media sonrisa.)*

MAURO.—*(Expansivo, según su sistema.)* ¿Qué tal?

JUANITO.—*(Frío.)* Hola. *(Y sale por la derecha.* MAURO *se dirige a* ANITA.)

MAURO.—¿Qué tal, Anita? (ANITA *va al chaflán y desaparece tras la cortina.)* Vaya, vaya... *(Se frota las manos.)* ¿Alguna llamada para mí?

ADELA.—Un tal Costa, hace una media hora.

MAURO.—¡Ah! Importante. Era la que esperaba.

ADELA.—Que vayas a verle a eso de las seis.

MAURO.—*(Mira su reloj.)* Las cinco y media. Casi estoy por irme ahora mismo.

ADELA.—Espera... Vuelvo en cuanto le dé a Juanito la merienda. *(Cruza hacia la derecha.)*

MAURO.—*(Con la cara alegre.)* ¡Santa palabra!

ADELA.—Hoy no he bajado a comprar, y no me queda leche... Temo no poder ofrecerte nada.

MAURO.—*(Se le nubla la expresión, pero responde, heroico, con un ademán.)* He merendado ya. *(Sonríe.)* ¿Está tu marido?

ADELA.—Sí.

MAURO.—*(Baja la voz.)* Te traigo una sorpresa. (ADELA, *que se iba ya, se vuelve; pero lo piensa mejor.)*

ADELA.—Vuelvo en seguida. *(Sale por la derecha.* MAURO *se sienta, cansadamente, en la poltrona y deja la cartera a su lado. Comienza a oírse la radio de* ANITA. MAURO *mira hacia el chaflán. Apoya su cabeza sobre los puños.)*

MAURO.—*(Pensativo.)* Una sola llamada. Y para dormir, los bancos de Recoletos. *(Se adormece. Una pausa. Por el foro entra* JUAN. *Viene nervioso y desconcertado. Al ver a* MAURO, *le invade la ira. De pronto, arrebata su cartera y la palpa, frenético. La suelta sobre el sofá y sacude a su cuñado.)* ¿Qué?... ¿Qué te pasa?...

JUAN.—*(Se incorpora.)* Escucha, Mauro. Te voy a hacer una pregunta, y esta vez no te toleraré que me mientas. ¿Estamos?

MAURO.—Pero ¿qué mosca te ha picado?

JUAN.—¿Te has llevado tú dos libros míos?

MAURO.—*(Se levanta.)* Oye, oye... Estás tú poniéndote muy impertinente...

JUAN.—Siéntate. *(Le tira sobre la poltrona de un manotazo.)*

MAURO.—Pero ¿qué es esto?

JUAN.—*(Con una mirada hacia el pasillo de la derecha.)* ¡Has sido tú! Estaban bajo llave, con la llave puesta, desde luego. Pero ¡sólo tú eres capaz en esta casa de darle vuelta a esa llave para ver qué hay dentro!.

MAURO.—No te tolero...

JUAN.—*(Le aferra un brazo.)* ¡Calla, Mauro! ¡Calla, porque no respondo de mí! Esos dos libros son muy difíciles de encontrar. ¡Si no los has vendido ya, me los tienes que devolver en seguida!

MAURO.—Mira, Juan...

JUAN.—Espera: te lo explicaré mejor. *(Mira hacia el pasillo.)* Los puntos de vista de ese autor están de moda... Va a ser muy difícil que en los últimos ejercicios no pongan algún tema que los tenga en cuenta, y el Tribunal querrá verlos, aunque sea discutidos, en nuestros ejercicios.

MAURO.—¿Y qué quieres que le haga yo, si ni sé de qué libros me hablas? Si los has perdido, puedes consultarlos en una biblioteca.

JUAN.—*(Refrenando su ira.)* Es que... ¡Bueno, sería largo de explicar! ¡Tráemelos y no hablemos más!

MAURO.—Yo no los tengo.

JUAN.—*(Mordiendo las palabras.)* Tráemelos, Mauro, y que esto quede entre nosotros. Te callas y yo también. Vienes cuando quieras y por el tiempo que quieras, pero me devuelves los libros. *(La radio deja de sonar.)*

MAURO.—*(Se levanta y pasea.)* ¡Y dale! Siempre tengo que ser yo. Los puede haber cogido tu hijo...

JUAN.—*(Le mira, asustado.)* No.

MAURO.—Pero ¿de qué libros se trata?

JUAN.—*(Suspira.)* Estoy cansado... de ti. *(Cruza hacia el foro.)*

MAURO.—Vamos, hombre... Déjalo estar. Ya verás cómo aparecen donde menos te lo esperes. En el cuarto de la pobre Anita, a lo mejor. O aquí mismo... Ahí encima *(Por la mesa.)* hay dos. A lo mejor son ésos. *(Lo ha dicho con perfecta trivialidad. JUAN sonríe sin ganas y echa una ojeada a la mesa. La apariencia de los libros le intriga y va a verlos. Se queda estupefacto. Al ver su cara, MAURO se acerca para verlos también. Se miran. JUANITO entra por la derecha y se detiene al ver la escena. Su padre deja los libros. JUANITO se decide, va a la mesa, toma los libros y se vuelve.)*

JUAN.—¿Dónde te llevas esos libros?

JUANITO.—A mi cuarto. Son míos.

JUAN.—¿Tuyos? (MAURO *va a sentarse, observándolos, al sofá.)*

JUANITO.—Siento que los hayas visto, pero no estoy dispuesto a mentirte. Los he comprado hoy y compraré cuantos se publiquen del mismo autor. Si te molesta, procuraré que no los veas. Pero no puedo estar pendiente de tus manías.

JUAN.—*(Lento.)* No son manías. (ADELA *entra por la derecha y se detiene.)* Ese autor es un botarate y un arribista.

JUANITO.—*(Palidece.)* Sabes perfectamente que ha subido a pulso y sin ninguna ayuda.

JUAN.—¡No seas niño! Los que no tienen ayuda se quedan hoy atrás, valgan lo que valgan, o salen adelante tardíamente. Esas carreras meteóricas son siempre sospechosas.

JUANITO.—Sabes perfectamente que Ferrer Díaz vale mucho más que tú.

JUAN.—*(Va hacia él.)* ¡Bribón!...

ADELA.—*(Se interpone.)* ¡Juan!

MAURO.—*(Se levanta.)* Vamos, un poco de calma... Es que Juan está nervioso. Ha extraviado unos libros, ahora se encuentra estos otros... (JUAN *va hacia el balcón respirando agitadamente.)* Ea. Aquí no ha pasado nada.

JUAN.—*(Sin volverse.)* No te metas tú.

MAURO.—Encima que lo hago por ayudarte... Adela: ¿tienes tú algún libro de tu marido?

ADELA.—Tengo el segundo tomo de Galdós. ¿Es ése?

JUAN.—No.

MAURO.—Quizá Juanito...

JUANITO.—Yo no he cogido ningún libro. *(Y sale, con los dos suyos, por la derecha.)*

MAURO.—Ya verás cómo aparecen. *(Se sienta en el sofá. JUAN mira a ambos, suspicaz. Luego va al foro, desde donde se vuelve a mirarlos, desconcertado. Sale por la derecha del foro. ADELA suspira y mira a MAURO con ojos acusadores.)* Estaba hecho una fiera, y como la tiene tomada conmigo... Me ha debido de mirar la cartera, porque no está donde la dejé. Cuando me di cuenta, temblé... por la sorpresa que te traía. (ADELA *se acerca, interesada.* MAURO *recoge su cartera.)* Es una revista extranjera. Vi el número y lo compré para ti. *(Lo saca, sonríe, lo abre y se lo enseña a* ADELA. *Ésta se inmuta, mira a todos lados y va a sentarse con ella en la mano a la poltrona. La contemplación de la revista le afecta visiblemente; quizá esté a punto de llorar.)* Supuse que te gustaría.

ADELA.—Calla. *(Escucha. Súbitamente, dobla la revista, se levanta y, buscando donde esconderla, la encaja sobre los libros de la estantería.* JUAN *reaparece en el foro.)*

JUAN.—Hasta luego.

ADELA.—¿No estudias hoy?

JUAN.—No estoy de humor. (JUANITO *entra por la derecha, con un libro, y besa a su madre.*)

JUANITO.—Hasta luego, mamá. Adiós, tío.

MAURO.—Adiós, muchacho.

JUANITO.—*(Al ver a su padre, se detiene.* JUAN *le mira con ternura mal disfrazada.)* Te... felicito por haber pasado el segundo ejercicio.

JUAN.—Gracias. *(Breve pausa.)* Yo también salgo. ¿Vienes?

JUANITO.—Es que... ahora recuerdo que me he dejado olvidadas las llaves.

JUAN.—*(Seco.)* Está bien. Adiós.

ADELA.—Adiós. (JUAN *sale por la izquierda del foro.*)

JUANITO.—¿Cómo se me pudo olvidar?

ADELA.—¿Las llaves? *(Se oye el golpe lejano de la puerta.)*

JUANITO.—No. El llevarme de aquí los libros de Ferrer.

ADELA.—*(Baja la cabeza.)* A los dos se nos olvidó.

JUANITO.—*(Deja de mirarla.)* Adiós. *(Va hacia el foro.)*

ADELA.—¿No tenías que volver a tu cuarto?

JUANITO.—No era verdad. *(Sale.)*

ADELA.—Espera... Te acompaño. *(Y sale tras él.* MAURO *se levanta y da unos paseíllos. Tararea. Se acerca a la estantería, ojea los libros, saca uno, piensa. Con un gruñido y un encogimiento de hombros, que parecen denotar un sentimiento de desquite por lo que él llamaría su dignidad ofendida, toma su cartera y, tras una mirada al foro, mete dentro el libro. El portazo se oye entretanto.* ADELA *vuelve.)*

MAURO.—También yo me voy. Es ya la hora de mi cita.

ADELA.—Le he estado dando vueltas a algo que me

sugeriste... y creo que sí, que deberíamos hacerlo...
¿Vas a ver pronto a Carlos Ferrer?

MAURO.—*(Muy atento.)* Puedo buscarle en el café, si
quieres.

ADELA.—Entonces... Como cosa tuya, naturalmente...

MAURO.—¿Le pido que recomiende a Juan?

ADELA.—No podemos perder ninguna posibilidad de
que gane la oposición. ¿No te parece?

MAURO.—Eso mismo te decía yo... Bien. No te preocupes; se hará.

ADELA.—¿Ves? Ya estoy más alegre. Me consumía no
poder ayudarle de algún modo...

MAURO.—*(Va hacia el foro, seguido de* ADELA.*)* Tú
haces mucho por todos, Adelita... A propósito: si no te
importa, te traeré mañana un par de camisas para que
me las des a lavar.

ADELA.—Pues claro.

MAURO.—Están ya un poco pasaditas, ¿sabes? Pero
aún tienen que durar... *(Han salido los dos y se pierden
sus voces. Una pausa. La cortina del chaflán se levanta y
entra* ANITA. *Mira a todos lados: busca algo. Al fin, se fija
en la estantería y, con una mirada furtiva al foro, saca de
ella la revista extranjera. Se recuesta en la poltrona y la
hojea. Pronto da con lo que quiere.* ADELA *reaparece sin el
menor ruido: se comprende que vino de puntillas. Se
recuesta en la entrada y mira a su hermana.* ANITA *nota
algo y levanta la cabeza. Tira la revista sobre la poltrona,
se incorpora y se dirige a su cuarto.* ADELA *corre a impe-
dirlo.)*

ADELA.—¡No te vayas! *(La toma de un brazo.* ANITA *se
deja conducir, pasiva, hacia la mesa, donde se sienta.)*
Tenemos que hablar, aunque no quieras. Esa obstina-
ción tuya no conduce a nada y yo... ya no puedo resis-
tirla. ¿Qué necesidad tienes de convertirte en mi espía,

ni de ir de un lado para otro haciéndolo todo a escondidas? *(Se miran. Dulce.)* Habías escuchado y te interesaba la revista, ¿verdad? (ANITA *desvía la mirada.)* No hay ningún mal en ello y podemos verla juntas. (ANITA *la mira, muy turbada.* ADELA *va a recoger la revista y vuelve con ella. La abre sobre la mesa.)* Carlos Ferrer Díaz. *(Suspira.)* Ahora tiene el cabello gris. Pero quizá está más atractivo todavía, ¿verdad?... *(Se sienta.)* Dos planas para él solo: se ha convertido en una figura internacional. No se ha casado. (ANITA *baja la cabeza.)* Pero ha volado, mientras nosotras envejecemos aquí oscuramente... Yo sé que tú también le quieres: que todavía le quieres, hermana. (ANITA, *descompuesta, intenta levantarse.* ADELA *se lo impide.)* ¡Quieta! Nadie nos escucha. (ANITA, *muy afectada, desvía la vista.)* Bien podemos tocar por primera vez las viejas espinas y hasta probar a arrancarlas juntas. Estamos las dos tan necesitadas de paz... *(Le pasa, cariñosa, un brazo por el hombro.)* Para conseguirla, yo te ofrezco mi sinceridad. (ANITA *la mira, triste.)* ¿No lo crees? *(Le toma las manos.)* Escucha, Anita. Reconozco que me porté mal contigo. *(Una pausa.* ANITA *la mira muy fijo.)* Cuando conocimos a Carlos y a Juan, las dos advertimos que Carlos se interesaba por ti. Nadie lo supo, porque él era tan reservado como tú; pero tú y yo, sí... Tú y yo, sí. Yo vi cómo te ibas ilusionando en secreto, día a día. Era tu oportunidad... Habías tenido que hacer prematuramente de madre conmigo desde que la nuestra murió, y de pronto, te sentías mujer por primera vez... ¡Y con qué hondura, con qué ansia tan recatada y tan ardiente a un tiempo!... (ANITA *baja la cabeza.* ADELA *abandona sus manos. Transición.)* Pero la hermana más atractiva, la hermana más loca, se metió por en medio. ¿Cómo iba a resistir Carlos? Sin duda pensó que se había equivocado: entonces era un muchacho y no era difícil hacerle perder la cabeza a fuerza de insinuaciones y coqueteos. Y fuimos novios. Y tú callaste, como tenías por costumbre. Callaste cada vez más..., hasta caer después en tu mutismo de años. *(Breve pausa. Sin mirarla, recuerda.)* Pero a Ferrer no se le podía hacer perder la cabeza indefinidamente. Debió de notar que yo no le quería. O acaso pensó que yo no era lo bastante sensata para servir de compañera a un hombre de estudios. Y, poco a poco..., se fue distanciando... Y un día no volvió. Y las dos lo perdimos... (ANITA *rompe a llorar.* ADELA *se levanta, conmovida, y la rodea con sus brazos, besándola en los cabellos.)* Gracias por tus lágrimas, hermana. Las lágrimas son ya una respuesta... ¿Lo ves? Nos acercan. *(Con los ojos húmedos.)* Si podemos llorar juntas, es que podemos vivir juntas. ¡Por ti y no sólo por mí, Anita! ¡Por ti te pido que rompas tu silencio, que revivas! ¡Aquella mala acción mía no puede haberte trastornado irremisiblemente, tus lágrimas me lo demuestran! (ANITA *se enjuga las lágrimas.)* Mira las mías... (ANITA *la mira, turbada.)* ¿Me perdonas?... ¡No quieras hacerme creer que te es imposible salir de ese estado! ¡Abandona tu juego y será la salvación para las dos!... ¿Me perdonas? *(Se miran. Parece que* ANITA *va a hablar. Pero, al fin, desvía los ojos hacia la revista y, con un ademán melancólico, la cierra, dejando, con aire triste y ausente, las manos apoyadas sobre ella. La expresión de* ADELA *se endurece. Da unos pasos hacia la derecha y se vuelve.)* Prefieres continuar ese juego que me destroza. (ANITA *la mira.)* ¡Sí, que me destroza! No me importa decírtelo. Si es eso lo que persigues, puedes estar satisfecha. (ANITA *baja los ojos.)* Te siento constantemente a mis espaldas. Sé que tus oídos me espían desde ahí *(Por el chaflán.)* a todas horas. Por las noches me desvelo

pensando que acaso tú tampoco duermes y que, desde
tu cama, me juzgas en silencio... A veces imagino que te
acercas por el pasillo de puntillas y que, pegada a mi
puerta, compruebas que tampoco descanso... Y no sé
con seguridad lo que pretendes..., como no sea que
dentro de ti aliente un odio inmenso..., implacable.
(ANITA *suspira.* ADELA *se enardece.*) Pero ¡si es así, no
eres justa conmigo! (*Llega a su lado.* ANITA *la mira furtivamente.*) Lo que te hice fue indigno, sí. (*Se le quiebra la
voz.*) Y me pesa, y te vuelvo a pedir perdón. (*Dura.*)
Pero había motivos. (ANITA *la mira con triste asombro.*)
¡Sabes de sobra que los había! (*Pasea, agitada.*) No eras
nada agradable con tus aires de amita de casa, ni con la
autoridad que papá delegó en ti... Reconócelo. (ANITA
la mira, conmovida.) ¡No pongas esos ojos de mártir! Ya
entonces los ponías y yo estaba harta de ellos. Porque a
mí no me engañabas: ésa era tu comedia. Cuidaste de
mí y me sacaste adelante. (*Seca.*) Te doy las gracias.
Pero lo hiciste porque te encantaba jugar a la madrecita
joven; porque vivías feliz siendo la preferida de papá y
pudiendo disponer a tu antojo de la casa y de la
pequeña... (*La mira.*) ¿Que no? ¿Has dicho que no?
(*Sardónica.*) ¡Qué vas a decirlo!... No podrías. (*Pasea.*
ANITA *no se mueve: aguanta, con los ojos muy abiertos.*)
Papá sólo veía por tus ojos. Le tenías embobado, tú que
eras la más torpe... ¡y la más fea también!... Pero tu
ninguna segunda madre, y menos que lo fueses tú.
¿Entiendes? Me ofendías cuando hablabas con papá de
igual a igual, muy seriecita, sobre la casa y la niña,
como si fueses su mujer. (*Ríe.*) ¡Su mujer! (*Ademán de
cara le recordaba a la de mamá... (*Calla, absorta en su
doloroso recuerdo, mirando los retratos.*) Yo no quería
ANITA *de hablar.* ADELA *se para.*) ¿Qué quieres decir?
(*Pausa.* ANITA *desvía la vista.*) Era ridículo... y odioso.

(Se acerca.) ¡Y por eso, cuando pasaron los años y llegó Carlos, y yo vi con qué facilidad te disponías a abandonar tu disfraz de mamá falsificada para convertirte en mujer, no quise tolerártelo! ¡La mujer era yo! ¡La más bonita era yo! ¡Ese era mi papel y no el tuyo! ¿No habías disfrutado siendo una madrecita oscura y resignada a los cuidados del hogar? ¡Pues te condené a que siguieras siéndolo! *(Se separa, agitada.)* Ya sé que hice mal. *(Vuelve.)* Pero alguna razón tenía, ¿no? *(La sacude con brusquedad.)* ¡Vamos, defiéndete! (ANITA *la mira, sobresaltada y angustiada.)* ¡O acúsame, pero habla! *(La deja, defraudada, y va a sentarse al sofá. Con el cuerpo encorvado, habla cansadamente.)* A veces me pregunto por qué quiero que me contestes. Todos los días pienso que sería mejor no hacerte caso..., y algo que no puedo romper me sujeta a ti. *(Pausa. Quizá* ANITA *sonríe levísimamente. Pero* ADELA *no la mira ahora y continúa, agotada.)* Y me pregunto por qué no he huido de ti, y de Juan, y de todo... *(Sonríe sin ganas.)* Hambrienta de vida y de felicidad, me he marchitado aquí, soñando melancólicamente con un amor secreto y vergonzoso que ya no podrá cumplirse... y que es, sin embargo, la única belleza de mi pobre vida. Es risible: Le he querido después de perderle. Le dije, despechada: «Fracasarás.» Y, despechada, me casé con Juan, dispuesta a hacerle triunfar para que Carlos viese la compañera que había perdido... *(Suspira.)* Y él ha triunfado, y Juan ha fracasado, y yo con él... Y no me he ido. *(Pausa.)* ¿Por qué? Por el hijo, sin duda. Por ese hijo que tú y yo adoramos porque sabemos que... se parece un poco a Carlos, aunque no sea suyo. *(La mira. Se levanta y va a su lado para hablarle en tono humildísimo.)* Aunque sólo sea por ese hijo, Anita. Por ese niño para el que también has hecho de madre..., (ANITA *le envía una lenta y severa*

mirada. A ADELA *se le quiebra la voz.)* dime una palabra, una sola palabra de perdón... *(Le toma la mano.)* ¿No? ¿Es que no te lo he confesado todo, no lo he reconocido todo?... *(Ante la severa mirada de* ANITA.) ¿Pues qué puedo decirte aún?... Ayúdame tú... *(Se deja caer sobre una silla, con los ojos arrasados.)* Yo ya no veo más... Yo estoy ciega...

TELÓN

ACTO SEGUNDO

CUADRO PRIMERO

Encendida la luz central. Tras el balcón, cerrado, la
negrura de la noche

(ANITA, *en la poltrona, cose en su jersey, ya
casi terminado.* ADELA, *junto a la rinconera,
toma una tableta de un tubo y se sirve agua.*)

ADELA.—Los nervios no me quieren dejar en paz esta
noche. *(Bebe.)* Lo que no comprendo es tu aparente
tranquilidad. (ANITA *la mira con un leve gesto de sorpresa; luego, baja los ojos y sigue trabajando.*) ¿No te
inquieta saber lo que le habrá dicho Ferrer a Juanito?
(ANITA *no pestañea, pero sus manos se detienen.* ADELA
guarda el vaso y el tubo.) Quedó en venir nada más
cenar, pero ya tarda... *(Se incorpora.* ANITA *la está
mirando con ojos asombrados.)* ¿A qué viene esa cara?
(Avanza.) No vas a pretender que no lo sabías; tú todo
lo escuchas... ¿O no lo sabías? *(La observa, inquisitiva.
La mirada de* ANITA *sigue fija en ella.)* Quizá esos ojos
quieren decir otra cosa. Que lo sabías, pero que no lo
apruebas. ¿Es eso? *(Reacciona y pasea.)* Pero ¡es cosa

del chico! ¡No querrás que le prohíba que vaya a visitar a Ferrer!... *(Se vuelve despacio y encuentra los ojos de* ANITA *fijos en ella. Entonces no puede ya retirar los suyos e intenta sonreír sin ganas.)* ¿Por... por qué no sigues con su jersey? *(Intenta la ironía.)* Al menos en eso estamos de acuerdo. Te concedo que le quieres tanto como yo. *(La mirada de* ANITA *es terrible.* ADELA *se inmuta.)* ¿También me he equivocado ahora? ¿Qué tengo que decir para que me mires de otro modo? *(Timbrazo.)* ¡Qué raro!... Los dos tienen llave. *(Va hacia el foro.* ANITA *se levanta con su labor y se encamina al chaflán.* ADELA *se vuelve al advertirlo.)* ¿Por qué no te quedas? *(Pero* ANITA *entra en su cuarto, ajustando la cortina cuidadosamente y cerrando la puerta con un golpe perfectamente audible.* ADELA *suspira y sale por la izquierda del foro, para volver poco después con* MAURO.*)*

MAURO.—Todavía refresca por las noches... *(Se restriega las manos.)* Si me das una copita de tu excelente coñac, te lo agradeceré. *(Se sienta junto a la mesa y deja su cartera, bajándose el cuello de la americana, que traía subido.)*

ADELA.—¿Hablaste o no hablaste con él?

MAURO.—Pues claro. Al fin apareció por el café, ¿sabes?

ADELA.—¿Cuándo?

MAURO.—Hace un ratito.

ADELA.—Pero, Mauro, ¡mañana es el último ejercicio!

MAURO.—¡Calma! Hay tiempo.

ADELA.—Debiste llamarlo. *(Va a la rinconera para servir la copa.)*

MAURO.—Ya te dije que era mejor darle a la cosa un aire casual. *(Ríe.)* ¡Y ya lo creo que lo era! Yo, al café todas las noches, y él sin aparecer. Pero hoy se dejó ver al fin. Y como sabía tu impaciencia, pues me he dicho:

«Aunque sea tarde, ahora mismo voy y se lo cuento.»
Todo ha salido a pedir de boca, ¿sabes? Ha estado gentilísimo: es un verdadero caballero.

ADELA.—*(Con la copa en la mano y la licorera destapada.)* No sigas. *(Mira al chaflán.* MAURO *la mira y vuelve la vista a su vez. Comienza a oírse, muy suavemente, la radio de* ANITA. ADELA *emite un irónico gruñido de comentario y sirve la copa.)* ¿Le hablarías aparte? *(Deja la licorera sobre la mesa.)*

MAURO.—Claro, mujer. *(Calienta la copa con las manos.)* Sabía ya que mañana es el último día. (ADELA *se sienta a la mesa.)* ¿Y sabes lo que hizo?

ADELA.—¿El qué?

MAURO.—Se fue al teléfono para hablar con el presidente del Tribunal. Yo le acompañaba, se empeñó él. Bueno: le esbozó el asunto con frases muy cordiales para tu marido. Pero no se limitó a eso. ¡Quia! Le dijo que le esperase levantado, que quería explicárselo a fondo personalmente. Y ahora debe de estar en su casa. *(Bebe.)*

ADELA.—*(Conmovida.)* Es bueno...

MAURO.—*(Baja la voz.)* También le hablé de ti, claro. No voy a repetirte las cosas que dije... Pero él las escuchaba con enorme interés. Eso era evidente.

ADELA.—*(Emocionada.)* Y... ¿dijo algo?

MAURO.—No. Me oyó en completo silencio y al final... suspiró.

ADELA.—Es delicado...

MAURO.—*(Enfático.)* La delicadeza personificada. *(Bebe y se estremece.)* La verdad es que no logro quitarme el frío... *(Se sirve otra copa.)* Y el caso es que estoy en un apuro momentáneo con mi pensión y me resulta difícil aparecer por allí... Si pudiera quedarme a dormir en el sofá esta noche... Me vendría al pelo.

ADELA.—*(Disgustada.)* Juan vendrá ahora a estudiar y velará toda la noche seguramente.

MAURO.—Pues no sé cómo arreglármelas, porque... *(Se encoge de hombros.)*

ADELA.—Veré si puedo darte unas pesetas... Pero quedarte, no va a poder ser. *(Se levanta y cruza hacia la derecha.)*

MAURO.—Bueno, tal vez me pueda remediar con un par de duros. *(Se levanta.)*

ADELA.—Calla. La puerta.

MAURO.—No he oído nada.

ADELA.—Acaba de sonar. *(Aparece por el foro JUAN, que tuerce el gesto al ver a MAURO.)*

MAURO.—¡Caramba, Juan! ¡Me alegro mucho de que la oposición vaya viento en popa! Mañana terminas, ¿no?

JUAN.—Sí.

MAURO.—*(Ríe.)* ¡Te predije suerte, acuérdate! Bueno, yo me marchaba ya, ¿sabes? Sólo vine un momento a enterarme de cómo iba lo tuyo.

JUAN.—Gracias. *(A ADELA.)* ¿Y Juanito?

ADELA.—Se ha retrasado un poco. Cenaba con unos amigos, pero no creo que tarde ya.

JUAN.—Bien. Me voy al despacho. Prepárame el termo y acuéstate si quieres. *(Va hacia el foro.)*

MAURO.—Adiós, hombre. ¡Y mil enhorabuenas anticipadas! *(JUAN sale sin contestar.)*

ADELA.—Ya ves cómo está contigo. Voy por el dinero. *(Inicia la marcha.)*

MAURO.—¿Hubo alguna llamada para mí?

ADELA.—Ninguna. *(Sale por la primera derecha.)*

MAURO.—*(Triste.)* Ninguna. Y yo, esta noche, a colarme en el ensayo del Español y a dormir hasta que me echen. *(Va a sentarse al sofá. Escucha la melodía de la radio. Emite un sonoro y feroz bostezo que a él mismo le* de la oposición, pero no parece estar muy claro todavía quién podría ganarla... ¿Crees tú que el Tribunal tendrá ya formado su criterio?

JUAN.—De los tres que quedamos, el más peligroso es Romero. Pero vamos muy iguales... Esta vez no creo que el Tribunal haya decidido todavía. Mañana sí se sabrá, desde luego.

JUANITO.—*(Carraspea.)* Le eché una ojeada al programa de temas del Tribunal... *(Se interrumpe.)*

JUAN.—¿Y qué?

JUANITO.—*(Después de un momento, va a la mesa y toma los dos libros de Ferrer. Los mira y mira a su padre, que desvía los ojos.)* Quizá los dos últimos libros de Ferrer podrían serte útiles esta noche... Parece que traen bastantes datos nuevos relacionados con varios de esos temas. *(Un silencio.* JUAN *mira a su hijo, que ahora no le mira a él, con asombrada ternura. Pero sus ojos no tardan en apagarse.)*

JUAN.—*(Frío.)* Nunca tuve fe en ese autor. (JUANITO *mira a su padre, que baja la cabeza. Con disimulo, mira a su alrededor. Luego va a la estantería. Su padre le observa a hurtadillas.* JUANITO *deja ostensiblemente los libros sobre ella, mientras mira a su padre, que desvía la vista y sale por la derecha del foro.* JUANITO, *de pronto, sacude sin contemplaciones a* MAURO.)

MAURO.—Que no me da la gana... Que no...

JUANITO.—*(Le incorpora a la fuerza.)* ¡Vamos, despierta!

MAURO.—No trae cuenta dormir aquí. *(Se frota los ojos.)* Siempre hay alguien a quien le molesta... *(Le mira.)* ¿Qué mosca te ha picado, monicaco? ¿Es ésta la manera de tratar a tu tío?

JUANITO.—¿Qué libros eran los que le quitaste a mi padre?

MAURO.—¿Tú también? ¡No! ¡Es demasiado!

JUANITO.—¡Contesta!

MAURO.—¿Y a qué viene ese repentino interés por las cosas de tu padre?

JUANITO.—*(Colérico.)* Eres un ladrón.

MAURO.—*(Se levanta y se crece como un gallo.)* ¿Cómo? ¿Lecciones de moral a tu tío?

JUANITO.—*(Se crece también.)* ¡Un ladrón despreciable!

MAURO.—¿Cómo te atreves...? *(Va a abofetearle, pero JUANITO le sujeta el brazo. MAURO se sobrepone y le mira con expresión más tranquila. Sacude su brazo.)* Suelta, idiota. *(Se suelta y va hacia la poltrona, en cuyo brazo anterior se recuesta, metiéndose las manos en los bolsillos.)* El mismo temperamento de tu madre.

JUANITO.—*(Da un paso hacia él.)* ¡No la nombres!

MAURO.—¡También es mi hermana! Y tú eres como ella: impulsivo, ardoroso y... petulante.

JUANITO.—*(Va a la mesa y se apoya, arrepentido de su cólera, sobre una silla.)* Vete de aquí.

MAURO.—No antes de que me oigas, bribón. *(Sonríe.)* Me has sacado de los brazos de Morfeo, y eso me lo tienes que pagar.

JUANITO.—Ahórrame tus retóricas y vete.

MAURO.—*(Sonríe.)* Creo que me quedaba algún cigarrillo... *(Se registra y saca un pitillo arrugado. Vuelve a registrarse.)* Mis retóricas, ¿eh?... *(Carraspea.)* Lo siento, sobrino, pero me vas a tener que dar lumbre. Ya no tengo ni para cerillas. *(Se acerca a él y le presenta el cigarrillo. JUANITO saca un encendedor y se lo enciende.)* Bonito encendedor. (JUANITO *se lo mete bruscamente en el bolsillo.* MAURO *ríe.)* Guarda, guarda. No vaya a quitártelo... algún ladrón. *(Vuelve a la poltrona y exhala una bocanada de humo.)* Pues sí. Es lo único que le va quedando a tu tío: retórica... y miseria. *(Se sienta.)* Un espectáculo muy deprimente, sobre todo para vosotros,

los de las nuevas generaciones. Lo comprendo. Os reís
de la retórica, de la metafísica y de otras cosas a las que
llamáis pamplinas. Y la miseria os parece la peor de las
desgracias. Por eso, cuando os encontráis con un viejo
retórico y miserable, torcéis los morritos.

JUANITO.—Es el asco ante un pasado estéril.

MAURO.—*(Asiente.)* Ante una serie de cosas que os
han defraudado; ante los que os debimos preparar un
mundo mejor, y no supimos o no quisimos hacerlo, ¿no?

JUANITO.—Justo. *(Saca una cajetilla y enciende un cigarrillo. Se sienta.)*

MAURO.—Quia. (JUANITO *lo mira, airado.)* Te
engañas, como me engañé yo. Es la eterna historia, y
tus hijos te soltarán en las narices los mismos reproches.
(Se levanta y se acerca.)

JUANITO.—Te equivocas si crees que las cosas van a
ser siempre iguales.

MAURO.—¿Crees que me disgustaría que vosotros lo
hicieseis mejor? ¡Ojalá! Pero no estés tan seguro. A tu
edad, uno se cree siempre muy moral. Pero vosotros...

JUANITO.—Nosotros, ¿qué?

MAURO.—No sé. Me parece que estáis demasiado
preocupados por la eficacia. *(Va hacia el balcón.)*

JUANITO.—*(Irónico.)* ¿Es que eso es malo?

MAURO.—Quizá no. Pero cuando, después de haber
arreglado el mundo en vuestras tertulias, os veo volver
los ojos encandilados ante un coche caro, sospecho que
lo habéis incluido en vuestro proyecto de vida, como la
finca en el campo, la mujer lujosa o..., para empezar...,
la cajetilla de rubio. *(Se recuesta sobre el respaldo de una
silla, señalando el cigarrillo de* JUANITO.)

JUANITO.—*(Mira su cigarrillo. Fuma.)* ¿Y por qué no?
Todo eso, pero para todos.

MAURO.—No seas ingenuo. Si se piensa demasiado en

todo eso, es difícil no terminar por ensuciarse para conseguirlo.

JUANITO.—(*Con sarcasmo.*) ¿Lo sabes por experiencia?

MAURO.—(*Suspira y se incorpora.*) Tu tío es un sinvergüenza y un cínico. Tienes razón. Pero en pequeña escala... Yo pertenezco a una especie casi extinguida. Soy un pícaro, un buscavidas. Pero sólo para ir tirando. Quizá porque, en el fondo, me interesa menos el dinero que la vida en sí. Y ésta me va dejando ya de interesar... (*Breve pausa.* JUANITO *le mira y aplasta su cigarrillo en el cenicero.*) También yo dejaré de fumar; me asquea este cigarrillo. Ya ves qué drama: he perdido el gusto del tabaco y de la vida, pero no sé pasarme sin ninguna de las dos cosas. (*Aplasta su cigarrillo en el cenicero. Ríe.*) Pero esto es casi metafísica y no quiero repugnarte más... (*Pasea. Le mira.*) Estás pensando que sigues teniendo razón. Que si te molesta saludarme y darme la mano es porque la puedes encontrar sucia de mil pequeñas bajezas... Pero lo que en realidad te repele es mi miseria, la estampa del fracaso. Te molesta tener un tío que no es presentable. Es una vergüenza ante los amigos. Pero todos los días saludas y conoces a gentes mucho más desalmadas... que tuvieron suerte.

JUANITO.—Tampoco quiero nada con ésos.

MAURO.—(*Se enfrenta con él.*) Pero les das la mano. (JUANITO *baja la cabeza.* MAURO *va a sentarse a su lado.*) En el fondo comienzas a pactar. Y tu tío te sirve para probarte a ti mismo la coartada. (*Suspira.*) No deja de ser curioso que a mí, un desaprensivo, me haya dado el naipe por hablarte así... Pero es que yo también soñé, sobrino. Aunque ahora sólo me quede... la retórica. Y la verdad es que le saco poco partido... Un día, lo sé, me llevarán a la cárcel por la estafa de un puñado de duros... Y tú seguirás saludando a gentes que han robado millones. *(Un silencio.)* A veces pienso que yo no he robado tanto... porque, en el fondo, no quería robar tanto. *(Una larga pausa.)*

JUANITO.—*(Se levanta y, sin mirarle, se obliga a sí mismo a decir.)* Te pido perdón.

MAURO.—*(Grave.)* Está bien eso, sobrino. Quizá valéis más de lo que yo pensaba... Tú estás a tiempo todavía de salvarte de muchas cosas. ¡Sálvate!

JUANITO.—Creo que me estoy salvando ya. *(Resuelto, va a cruzar.)*

MAURO.—Olvidas la pregunta que me hiciste.

JUANITO.—*(Se detiene.)* ¿Qué pregunta?

MAURO.—*(Se levanta y se acerca, grave.)* Para que mañana no pienses, cuando la recuerdes, que mis palabras sólo fueron retórica destinada a eludirla, te la voy a contestar. Pero tú me guardarás el secreto, ¿entiendes? Yo ya no estoy para incomodidades superfluas... Yo fui quien se llevó los dos libros de tu padre.

JUANITO.—*(Recuerda.)* ¡Ah!...

MAURO.—*(Le mira fijamente.)* Eran los dos últimos libros de Ferrer Díaz. *(Un silencio.)*

JUANITO.—Gracias. *(Va a salir y se enfrenta con* ADELA, *que trae un termo y un servicio de café.)*

ADELA.—¿Vas a tu cuarto?

JUANITO.—Sí.

ADELA.—*(Le sonríe.)* Espera... Tenemos que hablar. Ahora mismo le paso esto a tu padre, y vuelvo.

MAURO.—*(Recoge su cartera.)* Tengo que irme ya, Adela.

ADELA.—*(Dejando el servicio y el termo sobre la mesa.)* Te acompaño a la puerta. *(Le hace una seña, que él comprende.)*

MAURO.—Adiós, Juanito.

JUANITO.—Adiós, tío.

MAURO.—*(Mientras sale con* ADELA *por el foro.)* Un

gran chico este Juanito, ¿sabes? Hemos echado un
parrafillo muy cordial... y promete, ya lo creo...

ADELA.—¿A mí me lo vas a decir? *(Se pierden sus
voces.* JUANITO *los ve salir. Medita, con aire disgustado.
Mira a los libros de Ferrer, luego al foro y, con un brusco
ademán de resolución, sale por la derecha. Una pausa. Por
el foro entra* JUAN. *Trae puestas las gafas y en la mano un
libro, papeles y pluma. Se quita las gafas y escucha. Mira a
la estantería; luego, al termo. Despacio, se acerca a la
estantería. Va a tomar los libros de Ferrer, pero oye algo y
retrocede hacia la mesa, donde se sienta, y abre su libro,
fingiendo tomar notas.* ADELA *vuelve.)*

ADELA.—¿Y Juanito?

JUAN.—No sé.

ADELA.—Estaba aquí ahora mismo.

JUAN.—Se habrá ido a acostar.

ADELA.—Es pronto para él. Y quedó en que me espe-
raría.

JUAN.—Habrá cambiado de parecer.

ADELA.—¿Te ha dicho a ti algo?

JUAN.—Si yo no le he visto.

ADELA.—*(Fría.)* Te habrá oído venir y habrá desaparecido.

JUAN.—Es posible.

ADELA.—¿No ibas a estudiar a tu despacho?

JUAN.—Supongo que puedo venir aquí si quiero, ¿no?

ADELA.—¿Para qué?

JUAN.—*(Vacila.)* Tardaba el termo. *(Se sirve una taza
del termo.)*

ADELA.—¿Te lo llevo al despacho?

JUAN.—Ya lo haré yo. Acuéstate, si quieres.

ADELA.—No tengo sueño. *(Pasea.* JUAN *la mira y mira
a la estantería.* ADELA *levanta un poco la cortina del chaflán.)* Anita tampoco duerme... Tiene la luz encendida.

sido una rebeldía, sino el cumplimiento sereno, con tu ayuda al lado, de mi propio destino.

ADELA.—*(Pasea.)* ¡Vamos! De cualquier modo, la hubieses hecho justificadamente. Por lo visto, soy yo la única que tiene que reflexionar y rectificar.

JUAN.—Luego es cierto. Luego te molesta que la haga.

ADELA.—*(Se detiene, agitada.)* Te equivocas en eso, como en muchas otras cosas. Y te engañas si crees que te falta mi ayuda. Sé ayudarte mejor de lo que tú mismo supones, y quizá pronto te lo probaré.

JUAN.—¿Qué quieres decir?

ADELA.—Nada. *(Una pausa.)*

JUAN.—Vuelve la lucha, el silencio... Todo.

ADELA.—Puede ser. Pero si ha resultado una lucha en lugar de ese idílico cuadro de paz que me pintabas, sólo nos queda saber ser generosos en ella.

JUAN.—*(Se acerca.)* Llevo años siéndolo. Y ahora te acabo de invitar a que tú también lo seas, confiándote a mí. Reflexiona, Adela.

ADELA.—*(Después de un momento, más calmada.)* También yo soy generosa. Pero a mi modo.

JUAN.—¿Qué modo?

ADELA.—*(Sonríe.)* Mañana te lo diré.

JUAN.—¿Si gano?

ADELA.—Aunque no ganes. Pero creo que ganarás. Me siento optimista.

JUAN.—*(Resuelto.)* Yo también. Y ya que no aceptas la confianza que te he brindado, haré todo lo posible esta noche para ganar mañana.

ADELA.—*(Vuelve a la mesa para recoger sus cosas.)* Seré la primera en alegrarme. Y ahora me voy a ver a Juanito, ya que él no vuelve. *(Le da un afectuoso e irónico golpecito en la espalda, mientras dice con una suave risa.)* A estudiar, maridito...

JUAN.—¿Qué te pasa?

ADELA.—¿A mí? Nada... Ya te lo he dicho. Que me siento optimista. *(Cruza y va a salir, pero entonces repara en los libros que hay sobre la estantería y se acerca para verlos mejor. Ante el sobresalto de* JUAN, *los recoge con toda naturalidad.)*

JUAN.—¡Adela!

ADELA.—*(Se vuelve.)* ¿Qué?

JUAN.—*(Desvía la mirada.)* Nada. (ADELA *sale por la derecha.* JUAN *da unos pasos tras ella —tras los libros que se le escapan— y se para, desconcertado. Al fin suspira y se encorva, vencido. Vuelve, lento, a la mesa. Recoge sus cosas. Va a tomar también el termo y la taza, vacila ante ésta y opta por beber lo que queda. Lo hace en pie, con aire triste y desganado. Silenciosa,* ANITA *aparece en el chaflán, con su jersey en las manos, y le mira. Luego va a sentarse en el extremo del sofá y da las últimas puntadas al jersey. Algo nota él y se vuelve.)* ¡Hola, Anita! ¿Tampoco tú duermes? Parece que estamos todos desvelados esta noche. *(Deja la taza y se acerca.)* ¿Qué tal va tu jersey? *(Ella se lo enseña.)* ¡Si ya está terminado!... Y es bonito. Tienes buenas manos para estas cosas. *(Vuelve a la mesa.)* También yo tengo que irme a trabajar. Mañana es el gran día, Anita. Deséame suerte. *(Se detiene, con las manos sobre su libro, ganado por un repentino cansancio de todo, y dice sin volverse.)* El gran día..., o el peor de los días. No sé que se pueda estar más triste que yo lo estoy ahora, Anita... *(Suspira.)* Pero quizá tú no entiendes. *(Se vuelve.)* ¿O entiendes? (ANITA *se levanta, dejando el jersey sobre el sofá, y se acerca.)* ¿Quieres algo? *(Silencio.)* ¿Te pasa algo? *(Ella da unos pasos hacia la derecha y escucha. Intrigado, él no la pierde de vista.* ANITA *se vuelve, con los ojos bajos.)* Sí. Tú entiendes más de lo que creemos. Quizá sabes más que todos nosotros... *(Se acerca.)* ¿Sabes tú quién me quitó mis libros,

Anita? *(Silencio.)* ¿Fue Mauro?... *(Baja la voz.)* ¿O fue...
otra persona? *(Ella niega con energía.)* ¿No? Entonces,
¿fue Mauro? *(Ella se mueve, irresoluta.)* ¿No es eso lo
que quieres decirme? *(Leve negativa.)* Pero ¿quieres
decirme algo?... *(Leve afirmación.)* ¡Habla, mujer!
Aunque sólo sea unas pocas palabras. Antes lo hacías...
(Mirando a la derecha furtivamente, ANITA *llega a su lado.
Él la toma por los brazos.)* Quizá quieres hablarme de ti
misma. De ti y de tu hermana, ¿verdad? Algo os
ocurre... *(Bajando la cabeza,* ANITA *se desprende y va a la
mesa, donde acaricia los libros y papeles de* JUAN.) ¿No?
¿Entonces...? *(Se vuelve ella con expresión de simpatía. Le
sonríe.)* ¿Estás deseándome éxito? *(Ella asiente. Él se
acerca y le acaricia el cabello.)* Te lo agradezco muy de
veras, Anita... ¿Y por qué lo deseas? *(Baja la voz.)*
¿Crees tú que ella lo desea? (ANITA *le mira y desvía los
ojos.)* Di algo, mujer... (ANITA *vuelve a mirar hacia la
derecha; parece que quiere hablar. Él espera, fijos los ojos
en ella.* ADELA *irrumpe por la derecha. Por un segundo,
los tres se miran en silencio.)*

ADELA.—*(Se acerca a su hermana.)* ¡Te he oído
hablar! ¿Qué le has dicho?

JUAN.—¡Si no ha dicho nada!

ADELA.—*(Sacude a su hermana por los brazos.)* ¡Es a
mí a quien tienes que hablar y no a él!

JUAN.—*(Intenta apartarla.)* ¿Qué es esto, Adela? ¡Es
mi voz la que has oído!... ¡Adela!

ADELA.—*(Al mismo tiempo.)* ¿Qué tenéis todos esta
noche? ¡Juanito tampoco quiere hablar, y tú callas conmigo, pero vienes a cuchichear con Juan a escondidas!
¡Confabulados!

JUAN.—*(Tira de ella.)* ¡Pero, Adela!

ADELA.—¡Todos os confabuláis! ¡Por qué! ¡Por qué!

JUAN.—*(Consigue apartarla.)* ¡Vamos, cálmate ya! Te
digo que Anita no ha dicho nada.

ADELA.—*(Todavía agitada.)* La he oído hablar.

JUAN.—*(Grave.)* La estás oyendo hablar desde hace tiempo dentro de ti... Tú sabrás por qué. Pero mírala. Ella no dice nada. Eres tú la que debías echar fuera todo lo que te consume. Ya ves que lo necesitas... (ADELA *se aparta un poco.)* Está bien. Todo pasará. Mañana estaremos más contentos o, por lo menos, más tranquilos... Tengamos ahora un poco de paciencia. Y deseemos los tres que todo salga bien..., por el chico. (ADELA *mira, perpleja y angustiada, hacia la derecha. JUAN se acerca y le pasa suavemente un brazo por los hombros.)* En eso los tres estamos de acuerdo. (ANITA *va al sofá y recoge su jersey durante estas palabras. Después llega al lado de JUAN y le toca un brazo.)* ¿Ya está terminado del todo? (ANITA *asiente.)* Llévaselo y le darás una alegría. Aún estará despierto. (ANITA *deniega.)* ¿Por qué no? (ANITA *le toma, suave, una mano y le pone en ella el jersey.)* ¿Cómo? (ANITA *le empuja la mano contra el pecho.)* ¿Es para mí?

ADELA.—¿Para ti? (ANITA *la mira y asiente a JUAN. Una pausa. ADELA se aparta un poco, con disgustado asombro.)*

JUAN.—Es una hermosa manera de desearme suerte, Anita. Gracias. *(Va a la mesa, de donde recoge todo.)* Acuéstate y descansa, Adela. Te hace falta. Yo me voy a estudiar. Hasta mañana. *(Sale por el foro. ADELA mira fijamente a su hermana, que eleva los ojos y le devuelve una mirada resuelta, casi desafiante. Inmóviles, frente a frente, se contemplan.)*

·

TELÓN

CUADRO SEGUNDO

La cortina del chaflán, descorrida, y la puerta, abierta.
Cae la tarde

*(La radio deja oír una suave melodía. Sentada
a la mesa, ANITA lee un libro. A poco, levanta
la cabeza y escucha, melancólica. Va a leer de
nuevo; pero vuelve la cabeza hacia el foro. Ha
oído algo. Por el foro, en traje de calle, aparece ADELA. ANITA se levanta.)*

ADELA.—No te vayas... Sigue escuchando tu radio
desde aquí y déjame escucharla contigo. (ANITA *vuelve
a sentarse.)* Sienta bien oír esa música, ¿verdad? Tran-
quiliza. *(Va hacia la derecha y se vuelve.)* ¿No ha vuelto
ninguno de los dos? *(Silencio.)* ¿Ni siquiera a eso quieres
contestarme? *(Sale por la derecha.* ANITA *se queda
espiando su vuelta. Vuelve a poco sin su bolso, atusándose
el peinado.)* Juanito no está en su cuarto. *(Va al foro y
mira desde allí.)* En el despacho no hay nadie. Juan no
ha vuelto aún de su ejercicio. *(Cruza hacia el balcón y, al
pasar, le pone una mano en el hombro.)* Estamos solas. Only
(Abre el balcón. Respira.) ¡Qué tarde más hermosa! Me tive ella
siento contenta. Únicamente, la inquietud; pero pronto says &
pasará. *(Se vuelve.)* Si vieras qué bonito estaba el

parque... A partir de hoy saldré más. Saldremos, Anita.
Tú vendrás conmigo. Aquí nos estábamos apagando.
(ANITA *simula leer en su libro.* ADELA *va a su lado.*) Hoy
me sentía llena de vida y de exaltación. Quise dar un
paseo y no me arrepiento. Presiento que la felicidad no
es una palabra, que aún puedo confiar y esperar... *(Se
sienta a la mesa.)* Escucha. Lo vine pensando por el
camino. ¿No es maravilloso que por primera vez, desde
hace tantos años, algo, un lazo verdadero, se haya ten-
dido entre Carlos y... esta casa? (ANITA *levanta la
cabeza, sin mirarla, dolida.)* No es nada, pero yo sé que
él piensa ahora en mí, y que sabe que yo, desde aquí, le
recuerdo... *(Transición.)* No me creas egoísta. No quiero
herirte. (ANITA *la mira, triste.)* ¿Lo dudas? Pues óyeme.
Pensé hacer algo en la calle, sola..., pero te recordé y
vine aprisa, para llegar antes que ellos y poder hacerlo
juntas. ¿No adivinas qué? (ANITA *la mira muy afectada.)*
No tiembles... Sólo somos dos pobres mujeres que
buscan un poco de alegría. *(Se levanta.)* Y es tan sencillo... Yo marcaré seis cifras y tú hablarás la primera. Y
las dos le daremos las gracias por el interés que se ha
tomado por Juan. Su voz, a veinte años de distancia,
por unos minutos... y nada más. ¿Quieres? (ANITA *se
levanta trémula, mirándola con los ojos muy abiertos.)* ¿O
acaso prefieres hablar la última? (ANITA, *muy agitada,
deja de mirarla.)* No puedo ocultarte nada. Reconozco
que es lo que yo prefería. Tú eliges. (ANITA, *que ha
vuelto a mirarla, se vuelve de nuevo.)* ¿Aún no es bastante? *(Un silencio.)* Llegaré hasta el final. ¿Quieres
hablar... tú sola? (ANITA *se vuelve de repente a mirarla,
con ojos que parecen encerrar un gran anhelo.* ADELA *baja
la cabeza.)* Si eso es lo que quieres, lo tendrás. *(Va a la
rinconera y trae la guía a la mesa. Busca el número.)* Me
limitaré a oírte. Y tú me contarás luego lo que ha
dicho..., si quieres. *(Encuentra el número y va al teléfono.)*

Solamente te ruego... que le digas que estoy a tu lado. *(Marca, entre el tremendo nerviosismo de* ANITA. *Se miran. De pronto,* ANITA *le arrebata el aparato y escucha.* ADELA *le deja sitio junto al aparato. Larga pausa.)* ¿Es que no contesta?... *(Aguza el oído.)* Creo que oigo... Contesta... ¡Contesta!... ¿No te está preguntando? ¡Contesta! (ANITA *tapó el aparato con la mano.* ADELA, *nerviosísima, intenta quitárselo.)* ¡Trae! *(Lo consigue; pero, cuando va a escuchar,* ANITA *corta la comunicación. Se miran.* ADELA *escucha y comprueba que ha cesado, quitándole violentamente a su hermana la mano de la horquilla. Cuelga y se aparta, sombría. Se vuelve. Estalla.)* ¿Qué persigues? *(Va de nuevo al teléfono, pero* ANITA, *con una dura mirada, se interpone.)* No me asustas. Lo haré yo sola en otro momento. Y hablaré, hablaré con él... Tú puedes hundirte en tu silencio. Me niego a considerarme responsable de él. Desde ahora me reiré de tu mutismo... No destruirás los años dichosos que me puedan quedar. Pronto iremos Juanito y yo, solos, a visitar a Carlos. Está raro estos días, pero no importa; a la noche lo habré recobrado, cuando sepa lo que he hecho por su padre. ¡Y no me mires así! Buscaré mi felicidad sin reparar en nada, ¿lo oyes? ¡Todavía quiero vivir! *(Timbre lejano.* ADELA *se estremece y sale por el foro.* ANITA *cierra los ojos y suspira hondamente. Acaricia, con un desvaído ademán de sus dedos envejecidos, el teléfono y se encamina, cansada, a su cuarto. Entra, corre la cortina y se oye el ruido de la puerta al cerrarse. A poco, la melodía de la radio se interrumpe. Precedida de* MAURO, *vuelve* ADELA.) ¿No has vuelto a hablar con él?

MAURO.—Aún no.

ADELA.—*(Con los ojos brillantes, envía una desafiante mirada al chaflán.)* ¡Podías llamarle desde aquí!

MAURO.—*(Se sienta en el sofá.)* No sería correcto. Ten en cuenta que le hablé ayer mismo...

ADELA.—Ahora le podías preguntar lo que le dijo el presidente.

MAURO.—*(Bosteza.)* Pero si ya le dijo, cuando le llamó desde el café, que haría todo lo posible...

ADELA.—Anoche no me lo dijiste.

MAURO.—*(Después de un momento.)* Se me pasaría.

ADELA.—Anda, llámale.

MAURO.—*(Calmoso.)* No...

ADELA.—*(Estalla.)* ¿A qué has venido entonces?

MAURO.—*(Con una gran voz, harto.)* ¡A dormir! *(Y se acomoda bruscamente, cerrando los ojos.* ADELA *se queda estupefacta.)*

ADELA.—¡Mauro, no te duermas! *(Le sacude.)* ¡Llámale ahora!... ¡Mauro!

MAURO.—*(Sin abrir los ojos.)* No hay ya nadie a quien llamar... Ya no hay llamadas para mí... Es el fin.

ADELA.—¿Qué estás diciendo? ¡Despierta!

MAURO.—Una completa egoísta...

ADELA.—¿De quién hablas?

MAURO.—*(Eleva la voz de nuevo.)* ¡Déjame en paz! ¡Estoy harto de ti!... *(Busca una postura más cómoda.* ADELA *se aparta, herida, mirándole con repulsión. Mira al teléfono, con ojos que vuelven a denunciar su exaltación. Se vuelve a su hermano y le interpela de nuevo. Ahora, con voz grave.)*

ADELA.—Mauro... *(No hay respuesta. Entonces va a la guía y vuelve a buscar el número. Lo encuentra y, con furtivas miradas al chaflán y a su hermano, empieza a marcar.* JUAN *aparece, en silencio, por el foro, con su cartera bajo el brazo. Su expresión es hermética.* ADELA *espera, anhelante, que respondan a su llamada. Se vuelve para vigilar de nuevo, ve a* JUAN *y ahoga un grito, colgando de golpe.)*

JUAN.—*(Entra y deja con suavidad su cartera sobre la mesa.)* ¿A quién llamabas?

ADELA.—*(Mientras baja con dificultad la mano del telé-fono.)* A... la Facultad. Como tardabas...

JUAN.—Aquí me tienes. *(Se miran. ADELA teme pre-guntar. Cierra la guía y la lleva a la rinconera. Cruza hacia la derecha, se detiene. JUAN no la pierde de vista.)*

ADELA.—No habrán calificado todavía, ¿verdad?

JUAN.—Tardarán días.

ADELA.—Pero ya se sabrá, claro...

JUAN.—Claro.

ADELA.—*(Se vuelve a mirarle, poco a poco, luchando con la idea que la invade.)* ¿Tú?

JUAN.—¿Te cuesta mucho trabajo creerlo? *(Un silencio. ADELA digiere la noticia. Intenta sonreír; está desconcertada.)*

ADELA.—Pues... Mi enhorabuena... En fin... No sé qué decir. *(Va a salir por la derecha.)*

JUAN.—*(Frío.)* ¿Adónde vas?

ADELA.—Tengo que hacer...

JUAN.—*(Se sienta.)* Es curioso.

ADELA.—¿El qué?

JUAN.—Tu comportamiento.

ADELA.—¿Por qué?

JUAN.—Cada vez que aprobaba un ejercicio, me dabas un abrazo de felicitación. Y ahora...

ADELA.—*(Le interrumpe.)* ¡Bobo! *(Y va hacia él.)*

JUAN.—*(La detiene con un ademán.)* Era un simple co-mentario.

ADELA.—No lo tomes así. Es que, después de haberlo esperado tanto, cuando llega se queda una vacía y sin nervios.

JUAN.—Efectivamente. Es como un gran vacío.

ADELA.—*(Dispuesta a irse.)* Ya reaccionaremos. ¿Quieres algo más?

JUAN.—Sí. (ADELA *le considera, perpleja.)* Me dijiste

anoche que hoy me demostrarías lo generosa que habías sabido ser conmigo. (ADELA *alza las cejas.*)

ADELA.—¡Ah! Te lo diré más tarde.

JUAN.—¿Por qué no ahora?

ADELA.—*(Le pone las manos en los hombros y baja la voz.)* Mauro, Anita... Podrían escucharnos.

JUAN.—¿Qué importa? Son ya viejos testigos de todo lo nuestro.

ADELA.—*(Que trata de irse.)* Siempre hay una intimidad.

JUAN.—*(La retiene por la mano.)* A veces, no muy grata.

ADELA.—*(Se desprende y se enfrenta con él.)* ¿Qué es esto? ¿La lucha de nuevo? No me gusta ese tono.

JUAN.—Escucha, Adela...

ADELA.—*(Se encrespa.)* ¡Calla, es ridículo! ¿Tanto se te ha subido el éxito a la cabeza? *(Ríe.)* Pero ¡si no ha cambiado nada! Eres el mismo niño de siempre, que se ensoberbece porque algo le ha salido bien y piensa que ahora sí puede levantar el gallo... *(Sonríe.)* Te conozco, y por eso no te guardo rencor. Te lo diré, ya que tú mismo lo provocas. Tienes que saber de una vez que no has vencido por tu solo esfuerzo.

JUAN.—*(Se levanta.)* ¿A qué te refieres?

ADELA.—*(Risueña, va a su lado.)* Pero ¿tú crees que yo podía asistir impasible a tus dificultades? Todos mis nervios de estos días se debían a que no encontraba la manera de ayudarte... *(Le abraza suavemente.)* Y me daba tanta pena verte, a tu edad, empeñado en una empresa tan difícil... *(Mirándola muy fijo, él le baja lentamente los brazos.)* Ya sé que me reñirás, pero no importa. Lo importante es haberlo conseguido.

JUAN.—¿Qué has hecho?

ADELA.—*(Se aparta.)* Pues... busqué una recomendación.

JUAN.—*(Frunce las cejas, asombrado.)* ¿De quién?

ADELA.—De Carlos Ferrer Díaz. (JUAN *respira fuerte. Un silencio.)* Lo hice por mediación de Mauro, que le ve en el café con frecuencia, y como cosa suya. Anoche mismo te recomendó Carlos. Yo ni siquiera le he visto: sé mantenerme en mi lugar.

JUAN.—Ésa era tu ayuda.

ADELA.—*(Cruza hacia el balcón.)* No creo que te puedas quejar de las consecuencias.

JUAN.—Reconozco que has logrado sorprenderme. Venía con la mente muy clara, pero no esperaba eso. *(Va, rápido, al lado de* MAURO. *Ella se vuelve a mirarlos.)* Mauro... ¡Mauro! *(Le sacude.)*

MAURO.—Basta, no seas bruto... Hace tiempo que me habéis despertado. *(Se incorpora bostezando.)* ¿Qué me miras? Adela te ha dicho la verdad. A los dos nos pareció que convenía echarte una mano. *(Rehúye su mirada, busca su cartera y saca papeles donde empieza a tomar notas.* JUAN *mira a su mujer, que, con una levísima sonrisa, se sienta junto a la mesa.)*

ADELA.—Espero que algún día llegarás a darme las gracias. Comprendo que ahora estás ofuscado... Pero ya pasará, y te humanizarás. Entonces ya no te importará reconocer que me lo debes a mí.

JUAN.—¿El qué?

ADELA.—El haber ganado.

JUAN.—*(Tranquilo, después de un momento.)* ¿Cuándo he dicho yo que he ganado? (ADELA *se levanta, sorprendida, y le mira.)*

MAURO.—*(Levanta la cabeza.)* ¿Cómo?

ADELA.—Has dicho que...

JUAN.—No lo he dicho. Pero reconozco que te he querido engañar. *(Va hacia la mesa.)* Ha sido por mi parte la última tentación. La última carta tapada, y ya no habrá más. Era una prueba: quería ver tu cara. Y no lo pudiste remediar... Se te nubló. Como se te ha alegrado ahora, al saber que no era cierto..., que he perdido. *(Una pausa.)* ¿Por qué me recomendaste?

ADELA.—*(Le vuelve la espalda.)* Piensa lo que quieras.

JUAN.—Te asustaba que, a pesar de todo, pudiese ganar, ¿no?

ADELA.—*(Se vuelve.)* ¡Me estás insultando!

JUAN.—*(Se acerca.)* Te asustaba. Un marido que al fin demuestra su mérito... Intolerable idea, cuando se ha tratado, ¡durante la vida entera!, de convencerle de lo contrario, de dominarle.

ADELA.—¿Estás loco?

JUAN.—Con la recomendación todo se arreglaba. Ganaba: no era por mis méritos. Perdía a pesar de ella: tendría que reconocer mi absoluta mediocridad.

ADELA.—*(Cruza.)* ¡Pues bien: ya que has perdido, reconócelo! Si es verdad que no vales, si he estado tratando de animar inútilmente durante años a un fracasado, hasta que he tenido que reconocer eso, que no valías..., ¡no tienes derecho a reprocharme que te buscase una recomendación! ¡Cuando no se vale para nada hay que ser más humilde! Y aceptar las ayudas de donde puedan venir. *(Se sienta en la poltrona.)*

JUAN.—De Ferrer Díaz. *(Ella le mira duramente.)*

MAURO.—Quizá sea mejor que yo me vaya. Tengo que hacer, y... *(Ademán de levantarse.)*

JUAN.—¡Espera! Este asunto es de todos y a todos nos conviene aclararlo. *(Se acerca a su mujer.)* De una u otra manera, Ferrer Díaz ha estado siempre presente en esta casa. Sin nombrarlo apenas; pero con una presencia formidable. que..., a veces..., llegaba a darme la sensación de que este hogar no era mío, ¡sino suyo!

ADELA.—¿Qué quieres decir?

JUAN.—*(Llega a su lado, iracundo.)* ¿Y te atreves a preguntarlo? *(Se miran por un momento.* MAURO *se levanta despacio y se aleja hacia la mesa. Ella baja los ojos. Más calmado:)* No pienses que me limitaré a destapar tus cartas. También yo he de enseñar las mías. Peor para nosotros si, al volverlas, enrojecemos de vergüenza. *(Se aparta, suspirando.)* Le he envidiado toda mi vida... Le envidio aún. No he sabido sobreponerme a ese sentimiento destructor... No se me ayudaba nada en mi propia casa para conseguirlo, pero eso cuenta poco ahora. Yo era inteligente, pero la obsesión de sus éxitos me ha anulado. Y el pago es el fracaso.

ADELA.—*(Que se levantó durante estas palabras con súbita inquietud.)* ¿No se ha oído la puerta?

JUAN.—*(Se vuelve.)* ¿Eh? *(La mira y va al foro. Ella le sigue. Él sale al pasillo y mira un segundo hacia la izquierda. Vuelve.)* No era nadie. Tus nervios te han engañado porque sabes bien que... ese que tiene que venir... nos juzgará a los dos un día. Pero esa hora aún no ha llegado. (ADELA *da unos pasos, escuchando, asustada.)* ¿Qué te pasa? ¡Te digo que has oído mal! *(La cortina del chaflán se levanta y entra* ANITA, *que los mira con los ojos desorbitados.)* ¡Ah!... Era Anita. Algo habías oído, en efecto. *(Se dirige a* ANITA *y la toma de una mano.)* ¿Y tú, Anita, escuchabas? (ANITA *mira a su hermana, se desprende y va a sentarse a la mesa.)* Sí. Tú lo escuchas todo sin decir nada... Pero tus ojos hablan con claridad terrible... Frente a ellos, es más difícil mentir. Bien venida seas. (MAURO *se sienta y acaricia una mano de* ANITA.)

ADELA.—*(Angustiada, a* ANITA) ¿A qué has venido? *(Los ojos de* ANITA *se clavan en ella).*

JUAN.—Déjala. Es como un tribunal para todos. Y para ti, más que para nadie.

ADELA.—¿Qué... quieres decir?

JUAN.—¿Qué quiero decir? *(Se acerca a* ANITA.)

Anita, ¿qué te ha hecho? ¡Algo terrible debió de ser cuando estás así!

ADELA.—*(Muy agitada.)* ¿Qué dices?

JUAN.—¡Que entre vosotras pasa algo! ¡Y que la culpable tienes que ser tú! ¡Tú, que hieres a todos de muerte con tus torpezas! *(Se vuelve a* ANITA, *que le mira, rígida.)* ¿Qué fue, Anita? ¡Habla! ¡El momento es éste! ¡Todos necesitamos claridad, y ella más que nadie!... *(Unos segundos de silencio. Todos miran a* ANITA, *que, con los ojos muy abiertos, mira a su hermana.)*

ADELA.—*(Que no resiste, sin dejar de mirar a* ANITA.) ¡No!... (ANITA *desvía la vista lentamente.* ADELA *se desploma sobre la poltrona. Una pausa.)*

JUAN.—*(Se acerca.)* Guarda tu secreto, Adela. Ése no puedo yo revelarlo, puesto que lo ignoro. Quizá ha sido tu mayor error: que tu marido supiera tan pocas cosas de ti mientras que tú de él lo sabías todo. Pero, al menos, sí sé una cosa. Una cosa tremenda de la que nunca hemos hablado y de la que quizá proviene todo. Y ésa sí hay que aclararla.

ADELA.—*(Turbada, mira a su hermana, que a su vez mira a* JUAN *con interés.)* ¿Qué... dices?

JUAN.—Te casaste conmigo sin quererme. (ADELA *baja la cabeza.)* Me he preguntado muchas veces por qué. Una cobardía, ya que, en el fondo, siempre lo supe. Era demasiado clara tu intención de utilizarme como simple elemento de desquite.

ADELA.—¿De desquite?

JUAN.—O de despecho. Quisiste demostrar a... otra persona que, con tu ayuda, un hombre podía llegar lejos... Me animaste a luchar sólo para eso. Y, porque no pudiste demostrarlo, has terminado por odiarme.

ADELA.—¡No es verdad!

JUAN.—*(Se acerca y la mira a los ojos.)* Has llegado a desear mi muerte.

ADELA.—¡Pero, Juan!...

JUAN.—Me di cuenta en aquella ocasión en que estuve tan enfermo... *(Pasea, suspirando.)* Tus suspiros de impaciencia, tus frías palabras de alivio, tu melancolía, tus distracciones, tu resistencia al papel forzoso de enfermera... Yo te estorbaba. Al lado mismo de mi cama te crecía dentro un sueño espantoso... de felicidad. *(Ella le mira, angustiada. Él, fuerte.)* ¡Atrévete a negarlo!

ADELA.—Te equivocas. Yo...

JUAN.—*(Exasperado.)* ¿Es que quieres que vuelva a pronunciar el nombre de esa otra persona? *(Ella se inmuta.)* El nombre de aquel en quien no habías dejado de soñar; de aquel en quien tal vez soñaste incluso cuando concebiste a nuestro hijo.

ADELA.—*(Horrorizada.)* ¡Juan!...

JUAN.—También por ti he perdido a mi hijo. *(Pasea.)* Has sabido enseñarle a despreciarme. Pero ¿qué has ganado? Una vida ficticia, llena de mentira; un hogar que era también mentira; dolor y desengaño para tu vejez... *(Se sienta, cansado, en el sofá.)* ¡Ah!... No sé cómo puedes perdonarte a ti misma tanta locura... *(Una pausa.)*

ADELA.—*(Entristecida.)* ¡Qué podía hacer! ¿Qué puede hacer nadie? Nunca logré ver claro en mis impulsos, en mis deseos... Todo lo hice a destiempo. De todo me di cuenta tarde...

JUAN.—Los dos nos hemos equivocado, mujer. Nuestros propios afanes nos destruyeron...

MAURO.—*(Grave.)* Todos nos equivocamos... Es fatal... *(Se levanta y va al balcón, turbado.)*

ADELA.—¿Y ésta es la vida?

JUAN.—Al menos, la nuestra. *(Los considera a todos.)*

Somos cosa vieja. Error, de la cabeza a los pies. Sin arreglo ya..., salvo el de verlo lo más claro posible. Esto no es ya la lucha, Adela. Yo lo he visto esta tarde, después de mi fracaso, y trato simplemente de que lo veas tú también. *(Se levanta y se acerca.)*

ADELA.—¡Para qué!...

JUAN.—No para nosotros, desde luego. Pero si hemos llegado a comprender que... estamos demasiado mal hechos, es claro que ya de poco podemos valerle.

ADELA.—*(Sobresaltada.)* ¿Valerle? ¿A quién?

JUAN.—*(Sereno.)* A nuestro hijo. (ADELA *se levanta lentamente, alarmada.* ANITA *también.)* Un día comprenderá, y para un muchacho puede ser fatal la vida junto a unos padres que le hayan defraudado... Es el mundo quien debe, ahora, educarlo y salvarlo.

ADELA.—¡No! (ANITA *deniega y cruza las manos en súplica.)*

JUAN.—¡Sí, Adela! Él ha visto más claro que nosotros. Quiere irse, y tiene razón.

ADELA.—¡El mundo le envenenará también!

JUAN.—No más que nuestro ejemplo. Hay que correr ese riesgo.

ADELA.—¡No me lo quites! ¡Es lo único que tengo! (ANITA *llega, denegando, con las manos juntas, al lado de* JUAN. MAURO *se acerca.)* ¡Anita, nos lo quiere quitar!

JUAN.—*(Tomándole una mano.)* ¡Adela, reflexiona! (ANITA *le toma del brazo, muy afectada, denegando.* ADELA *trata de desprender su mano.)*

ADELA.—¡No!...

JUAN.—¡Basta! *(Y abraza, conmovido, a* ANITA, *sin soltar a* ADELA.) ¿Creéis que a mí no me duele en el alma? (ANITA *rompe a llorar en sus brazos.)* No llores, Anita. Tú sabes que es necesario. *(Atrae a* ADELA *con alguna brusquedad.)* Y tú también lo sabes. *(Los esposos se miran fijamente.)*

MAURO.—*(Se acerca a* ANITA *y la desprende con suavidad.)* Vamos, Anita, vamos... *(La conduce a la mesa y la sienta.)*

ADELA.—*(Desprende su mano con violencia, permaneciendo a su lado.)* ¡Suéltame! Todas tus palabras sólo ocultan un deseo: ¡quitármelo! ¡Es tu venganza! ¡Poco trabajo te cuesta a ti dejarle que se vaya! ¡Sabes que no te quiere! *(Airada.)* ¡Pero yo sí lo tengo! ¡Es mío, y me quiere, y yo a él!

JUAN.—Pero ¿no quieres comprender todavía?

ADELA.—¡No! ¡Nunca! ¿Lo oyes? ¡Nunca! ¡No me lo quitarás tan fácilmente!

JUAN.—*(Amargo.)* Insensata... *(Breve pausa. Entonces aparece en el foro, muy pálido y sin mirar a nadie.* JUANITO. *Sus padres le miran y se miran, inquietos. Hay una pausa embarazosa.* ANITA, *que volvió la cabeza, se levanta y corre a abrazar a* JUANITO.)

MAURO.—Anita, por Dios... *(*JUANITO *mira a todos con embarazo.* ANITA *se desprende, rápida, y va a su cuarto, tras cuya cortina desaparece.)*

JUAN.—*(Cruza.)* No es nada, hijo mío. Hablábamos de ti precisamente, y se ha afectado un poco; pero no tiene importancia. ¿Nos... has oído?

JUANITO.—*(Después de un momento, sin mirar a nadie, miente.)* Acabo de llegar.

ADELA.—*(Que no le cree, da un paso hacia él.)* ¡Hijo!...

JUANITO.—*(La mira un momento con tristeza. Luego, a su padre.)* Siento de veras el resultado de la oposición, padre. *(Todos se miran un momento, turbados. Él se desconcierta también.)* No te extrañe... que lo sepa... Pasé por la Facultad esta tarde. *(Su madre se vuelve de cara al proscenio, íntimamente defraudada porque no le ha contestado a ella.)*

JUAN.—Gracias, hijo. No tiene importancia. Lo que importa ahora es tu porvenir... *(Mira a* ADELA.) Después de pensarlo bien, tu madre y yo hemos decidido que... tú tenías razón. Que está muy indicado ese viaje que querías hacer y que debes pedir la beca. ¿Verdad, Adela? *(Un silencio,* JUANITO, *que ha recibido la noticia sin la menor sorpresa, mira a su madre. Ella le mira también y comprende que no puede contestar más que una cosa.)*

ADELA.—*(Con un hilo de voz, mientras se vuelve.)* Sí.

JUANITO.—Os doy las gracias.

ADELA.—*(Con un ademán.)* Hijo...

JUANITO.—*(Después de mirarla.)* Sobre todo a ti, padre. *(Herida,* ADELA *cruza lentamente hacia el balcón.* JUANITO *da un paso hacia él.)* Y también quisiera que me disculparas. Yo... no he sabido quizá entenderte... *(*MAURO *va a sentarse al sofá.)*

JUAN.—No te preocupes.

JUANITO.—¡Sí, sí! Es que tú no sabes... *(Se aparta.)* He llegado a pensar cosas... terribles. *(*JUAN *llega a su lado y le toma con afecto de un brazo.)*

JUAN.—Lo sé. Has llegado a pensar que hubieras preferido en mi lugar a otra persona.

JUANITO.—Padre, yo...

JUAN.—¡Calla! Si es natural. *(Mira a* ADELA.) Era natural... Y no estabas del todo desprovisto de razón.

JUANITO.—¡No, no! *(Se recuesta en la poltrona, disgustado.)*

JUAN.—*(Sencillo.)* Sí. Ferrer Díaz vale mucho más que yo. *(Se separa, con triste sonrisa, y pasea.)* Mi gran error ha sido no atreverme a reconocerlo, mientras... lo envidiaba en secreto. *(Mira a su hijo.)* Pero ya no me importa reconocerlo. La experiencia de hoy ha sido suficiente... *(Sonríe.)* Tu pobre padre ha hecho el ridículo. El Tribunal sofocaba las risas... Y los otros opositores... «¿Cómo? ¿No conoce usted las aportaciones de Ferrer Díaz a ese problema? ¡Es notable!... Pero habrá usted leído sus últimos libros, ¿no?... De todas formas es muy respetable que los opositores se permitan ideas propias..., aunque quizá no lo bastante meditadas.» *(Conmovido.)* Ya ves. Con lo sencillo que hubiera sido, desde hace años, admirar y leer como se merece a Carlitos Ferrer..., mi antiguo compañero. *(Se sienta a la mesa).*

JUANITO.—*(Sin poder evitar una rápida y furtiva mirada a su madre, que se estremece al oírle.)* Quizá tú no has tenido la culpa...

JUAN.—¡Chist! No hablemos de culpas. Todos somos muy inocentes y muy culpables. Y yo un tonto, a quien le ha dado vergüenza que le viesen consultar en la Biblioteca los libros de Ferrer. Un solemne tonto, que bien pudo pedírtelos modestamente a ti..., después que los que yo había comprado desaparecieron. (MAURO *se revuelve, inquieto, ante su mirada.)* ¡No te apures, Mauro! Al fin y al cabo, te estoy agradecido. *(A* JUANITO.) Es risible, hijo mío. El Tribunal me ha eliminado por no haber estudiado a Ferrer, cuando, precisamente por los buenos oficios de tu tío..., el propio Ferrer me recomendó anoche. Qué ironía, ¿verdad?

JUANITO.—*(Extrañado.)* ¿Que Ferrer Díaz te recomendó anoche? (ADELA *se vuelve lentamente, intrigada.)*

JUAN.—Así parece... *(A* MAURO.) ¿No, Mauro?

MAURO.—*(Carraspea y contesta de mala gana, disimulando con sus papeles.)* Sí, a eso de las once... Llamó desde el café en mi presencia...

JUANITO.—*(Se levanta.)* Pero... ¡si eso no puede ser!

ADELA.—¿Qué estás diciendo? *(Avanza.)* ¡Explícate! (JUAN *se levanta.)*

JUANITO.—*(Después de mirar a todos.)* Lo siento, tío, pero no puedo dejar a mi padre con esa falsa idea. *(A su padre.)* Ayer estuvimos unos cuantos estudiantes con Ferrer hasta dejarle en el taxi que le conducía a la estación. *(Cruza hacia el foro.)* Se marchaba en el tren de las nueve y media para el Norte, a dar unas conferencias. *(Una pausa. Todos miran a* MAURO, *que los mira con una media sonrisa que no le sale, y baja la cabeza, mientras se toca rítmicamente las puntas de los dedos de una mano con los de la otra.)*

ADELA.—*(Yendo hacia él.)* ¿Qué significa esto?

MAURO.—*(La mira y baja la cabeza.)* Siempre me ocurre lo mismo. Mi juego es corto y miento mal... Lo necesario sólo para ir resolviendo el problema de cada día. A cada cual le digo lo que le gusta, y así voy tirando. Pero luego, todo se descubre.

ADELA.—*(Colérica.)* ¿Merecían eso todas las consideraciones que has tenido en esta casa?

MAURO.—¿Estás segura de que las habría tenido si no hubieses oído las mentiras que querías oír?... *(Baja la cabeza.)* Yo no lo estaba.

ADELA.—Eres repugnante. *(Se aparta hacia el primer término de la derecha.)*

MAURO.—*(Se levanta cansadamente.)* Yo no diría eso, Adela... Me miro por dentro y no encuentro ni repugnancia siquiera, porque estoy vacío. He sido para ti lo que para todos: un espejo que te devolvía tu reflejo.

ADELA.—*(Se vuelve, airada.)* ¡No te tolero...!

JUAN.—*(Da un paso.)* ¡Adela!

MAURO.—Déjala. Es natural... (ADELA *se desploma sobre la poltrona.)* Y tú, discúlpame. Bien... *(Vuelve al sofá para recoger su cartera.)* Supongo que ya no podré volver.

JUAN.—Por mí, sí.

MAURO.—Pero por Adela, no. La conozco bien.

JUANITO.—*(Que miraba a su madre con ojos espantados, a su padre.)* Si tú quieres, padre..., me quedo. Por ti, por Anita... *(Su madre escucha, anhelante.)* Por todos.

JUAN.—No, hijo. Tú te irás. *(Suspira largamente.)*

Bueno... Voy un momento a mi despacho... *(Recoge la cartera de la mesa.)* Y a dar luego una vuelta para despejarme.

JUANITO.—Si me esperas, salgo contigo, padre. (ADELA, *sin volverse, cierra los puños.)*

JUAN.—Está bien. En el despacho estoy. *(Se encamina, lento, hacia el foro. Se detiene en el umbral y se agacha para recoger algo. Con ello en la mano, mira hacia arriba.)* Otro pedacito de la cornisa... Habrá que llamar a los albañiles..., algún día. *(Sale por la derecha del foro. JUANITO mira a su madre, que, sin mirarle, espera. Tal vez ella piense que se quedó para decir algo. Pero JUANITO pasa a su lado y, sin recoger la mirada de súplica que ella le dirige, sale por la derecha. La fisonomía de ADELA se apaga. Una pausa. Recostado en un brazo del sofá y con ojos de sueño, MAURO arregla su cartera para irse.)*

ADELA.—Esto no te lo perdonaré nunca.

MAURO.—¿Eh?

ADELA.—*(Se vuelve.)* ¿Qué esperas? ¡Vete! *(Y se levanta para cruzar, colérica.)*

MAURO.—*(Sonríe.)* Vamos, hermanita. Al menos, un poco de cortesía...

ADELA.—¡Canalla!

MAURO.—*(Se incorpora y se acerca.)* ¿Ves? El odio te llena la boca. Es lo de siempre... Nos falta abnegación, y eso se paga. Porque hay algo dentro de nosotros que no nos deja muy tranquilos cuando pisoteamos a los demás. Y entonces sólo queda padecer... o endurecerse. Y tú no puedes endurecerte: te sobran nervios para eso: *(Un par de gorjeos aislados. ADELA vuelve la cabeza para escucharlos.)*

ADELA.—Algo más queda que tú no puedes tener: la seguridad de que la vida es una cosa espléndida y bella, aunque la nuestra se haya manchado... *(Se acerca al balcón.)*

MAURO.—*(Ríe.)* La cabeza a pájaros.

ADELA.—¿Qué dices?

MAURO.—Claro. Esa frasecita literaria te la acaban de inspirar los gorjeos de esos animalitos.

ADELA.—Y aunque así fuese, ¿qué?

MAURO.—También en eso te equivocas. Hace tiempo hojeé un librito muy curioso... Te gustaría leerlo. Decía que los pájaros cantan llenos de alegría por la mañana porque el sol sale y les espera una jornada que suponen llena de aventuras deliciosas... Son como nosotros en la mañana de nuestra vida: unos aturdidos. Pero por la tarde no cantan.

ADELA.—¿No los oyes?

MAURO.—Ésos no son cantos: son gritos.

ADELA.—¿Qué dices?

MAURO.—Gritan de terror. *(Está a su lado.)* Todo eso que a tí te parecía un delirio de felicidad es un delirio de miedo... Al cabo del día han tenido tiempo de recordar que están bajo la dura ley del miedo y de la muerte. Y el sol se va, y dudan de que vuelva. Y entonces se buscan, y giran enloquecidos, y tratan de aturdirse... Pero ya no lo consiguen. Quieren cantar, y son gritos los que les salen.

ADELA.—¡Eso no puede ser cierto!

MAURO.—*(Vuelve al sofá para tomar su cartera.)* Di mejor que no lo sabemos. Sabemos muy poco de ellos y de nosotros mismos. Pero lo ha escrito alguien que los observó mucho...

ADELA.—Y tú, que hablas de abnegación, ¿me explicas eso?

MAURO.—*(Duro.)* ¿Y quién te dice que yo tengo abnegación? (ADELA *le mira, asustada, y vuelve los ojos al balcón, tras el que menudean los gorjeos —gritos ahora para ella— de los pájaros.* MAURO *se encamina al foro. Se vuelve desde allí.)* También tú tienes miedo, como ellos, a la garduña o al milano... ¿Cuál es tu milano? *(Una pausa.)* ¿Anita? (ADELA *se vuelve a mirarle, asustada.)* ¿O sólo tu conciencia? *(Pausa.)* ¿O acaso..., acaso..., tu conciencia y Anita son la misma cosa? *(Pausa.)* Adiós, Adela. *(Sale por el foro izquierdo.* ADELA *mira al chaflán, angustiada. Se nota débil; se sienta en una silla, mirando ahora, con ojos asustados, a los pájaros del exterior.* JUANITO *entra por la derecha y la mira. Va a pasar de largo. Ella le mira, suplicante, y emite un leve gemido ahogado.* JUANITO *se detiene y se acerca despacio. Tras ella, habla. A poco,* ANITA *aparece en el chaflán y, recostada en él, escucha con aire desolado.)*

JUANITO.—No sufras, madre. Yo volveré.

ADELA.—Sí, hijo mío.

JUANITO.—*(Le pone las manos en los hombros y señala al balcón con la cabeza.)* Escucha cómo cantan. Cada vez que los oigas te acordarás de mí. Quizá un día podamos todos los de esta casa conocer también esa alegría... Yo volveré para intentarlo.

ADELA.—*(Después de un momento.)* Sí, hijo mío. *(*JUANITO *se incorpora y sale por el foro derecho.* ADELA *mira a su hermana.)* Todo era mentira. Hace tiempo que Carlos nos ha olvidado. Le hemos perdido dos veces, porque ahora volvemos a perderle en Juanito..., que empezará a olvidarnos también. *(Una pausa.)* Estoy frustrada. *(Por el foro cruzan* JUAN *y su hijo, que se detienen a mirarlas.)*

JUAN.—Adiós... *(Las dos hermanas se vuelven a mirarlos.)*

JUANITO.—Adiós.

ADELA.—Adiós. *(Salen padre e hijo por la izquierda del foro.* ANITA *cierra los ojos, dolorida. Después va a sentarse a la mesa, frente a su libro, que mira distraídamente.)* Es como si se hubiese ido para siempre. Volverá esta noche, pero será lo mismo: yo ya estaré sola. Sola, contigo, definitivamente. (ANITA *la mira con ojos sombríos. Ella se levanta.*) Algo terrible te hice, es cierto. Y lo más espantoso es que entonces no parecía tan grave. Si yo hubiese sabido que te podía afectar tanto... Si hubiese sabido lo caras que pueden costar todas nuestras ligerezas... Yo pediría perdón a nuestros padres, pero ya han muerto... *(Suspira, mirando a los retratos.* ANITA, *con la mirada en el vacío, recuerda.)* También nosotras estamos muertas. Muertas ya para lo que no sea el horror de mirarnos frente a frente... Mauro tiene razón. Lo sabes todo de mí y eres como un milano que me tiene entre sus garras. *(Se vuelve hacia su hermana. Se acerca. Se le quiebra la voz.)* Mírame, hermana: ahora ya no soy más que una niña temerosa y cansada. Ya no sé nada, no estoy segura de nada y es tarde para aprender... *(Se arrodilla, llorando, de bruces sobre el regazo de* ANITA, *que la mira angustiada.)* Nuestros padres ya no me pueden perdonar, pero tú sí... Hazlo tú por ellos y podré aún reconciliarme conmigo misma... Tú y yo juntas formamos una gran llaga, y sólo tú puedes curarla... Acógeme de nuevo en tus brazos, como cuando era pequeña, y dime: «Cálmate, hija mía... Todos sufrimos por nuestros deseos, y la culpa nunca es clara... No has sido más que una niña mimosa e inconsciente... Pero ya pasó todo... Descansa...» *(Conteniendo sus lágrimas,* ANITA *se levanta y se aparta, turbada, hacia el centro de la escena.* ADELA *se vuelve hacia ella con el ademán implorante.)* ¡Anita!... Mi hijo se va por culpa mía, lo sé. Pero ¡yo soy la más torpe de las dos! ¡También eso tienes que perdonármelo! *(Las facciones de* ANITA *se han endurecido a la mención de* JUANITO. *Retrocede un paso y, desviando los ojos, deniega lenta y melancólicamente. Después se encamina al chaflán.* ADELA *se levanta y da unos pasos tras ella, angustiada.)* ¡Hermana! (ANITA *se vuelve desde el chaflán.)* ¿Todavía no me has castigado bastante? ¿Es que va a ser así toda la vida? (ANITA *desaparece tras la cortina.* ADELA *llega junto a ella. En un alarido.*) ¡Anita! ¿Me entiendes siquiera? (*Una pausa.* ADELA *retrocede unos pasos, con los ojos muy abiertos, fijos en la cortina. Luego se vuelve lentamente y mira al balcón, espantada. Al fin, humilla la cabeza bajo el peso de un horror sin nombre. La algarabía de los pájaros ha llegado a su mayor estridencia y parece invadir la casa entera. Telón lento.*)

FIN